Erich Wustmann
Wilde Reiter im Sertão

Erich Wustmann

Wilde Reiter im Sertão

Erzählung aus dem brasilianischen Urwald

Mitteldeutscher Verlag
Halle · Leipzig

ISBN 3-354-00166-6

2. Auflage
Lizenz-Nr. 444-300/91/88 · 7001
Printed in the German Democratic Republic
Gesamtausstattung: Peter Hartmann
Gesamtherstellung: Karl-Marx-Werk Pößneck V 15/30
Best-Nr. 639 322 5

00850

WENN ICH AN PEDRO DENKE, dann sehe ich die ganze brasilianische Wildnis vor mir. Er war wie der wilde Sertão, in dem er lebte und der mich selbst verzaubert hat.

Auf einer größeren Expedition kam ich nach Felicidade, einem kleinen Dorf tief im Landesinneren. Ich erkundigte mich sogleich nach dem Ortsvorsteher, um ihm meine Aufwartung zu machen. Es ist immer besser, von Anfang an mit dem Ortsgewaltigen auf gutem Fuß zu stehen. Ein Sertanejo zeigte auf ein auffallend schönes Haus und meinte, dort träfe ich den Prefeito, den Präfekten, an.

Gemächlich schlenderte ich durch das Dorf, das aus zwei Dutzend strohgedeckter Hütten bestand. Eine Hütte sah so aus wie die andere, und nur das Haus des Präfekten zeichnete sich durch größere Fenster, ein Ziegeldach und einen weißen Anstrich aus.

Die Straße, zu deren beiden Seiten die Häuser in langen Reihen standen, war auffallend breit und sauber. Jetzt, zur Trockenzeit, trug sie eine feste Lehmdecke, doch wußte ich aus Erfahrung, daß sie sich bereits nach dem ersten Regenguß in einen entsetzlichen Morast verwandeln würde. Dann wäre es unmöglich, sie als Gehweg zu benutzen oder gar mit einem Auto zu befahren.

Felicidade lag so abseits in der Wildnis, daß man es mit einem Auto sowieso nicht erreichen konnte. Wer von irgendwoher kam und das Dorf besuchen wollte, mußte erst eines der größeren Flußboote benutzen, die den Tocantins befuhren, und dann noch einen Tag lang durch den Sertão laufen oder einige Stunden reiten. Ein Auto, das eine schnellere Verbindung zwischen Felicidade und dem Tocantins hätte herstellen können, war zwar vorhanden, doch war es meistens unbrauchbar.

Vor dem Haus des Präfekten trat mir ein dunkelhäutiger Sertanejo entgegen, mit scharfgeschnittenen Gesichtszügen und sehnigen Armen, die Kraft und Ausdauer verrieten. Auf dem Kopf trug er den breitrandigen Hut der Siedler und an den unbeschuhten Füßen große Sporen.

»Wollen Sie zum Präfekten?« fragte er mit wohlklingender Stimme. »Er kommt morgen wieder. Inzwischen können Sie mein Gast sein. Ich bin Francisco Alfieri und wohne dort drüben in dem kleinen Haus. Viel kann ich Ihnen nicht bieten, aber für eine weitere Hängematte ist in meinem Haus jederzeit Platz.«

»Ich nehme Ihr freundliches Angebot gerne an«, erwiderte ich und stellte mich vor.

Er umarmte mich in brasilianischer Herzlichkeit und entschuldigte sich dann, weil er sich um sein Pferd kümmern müsse, das neben der Präfektur auf ihn wartete. Es war ein noch junger, sehr lebhafter Schimmel.

Langsam ging ich auf Alfieris Hütte zu. Neben ihr stand eine Kokospalme, in deren kräftigen Wedeln ein Junge saß. Als er mich kommen sah, warf er zwei große braune Nüsse herab und kam zu mir herunter.

Er hieß Pedro und war Franciscos Sohn. Nachdem er erfahren hatte, daß ich zu den Indianern reiten wollte, sagte er keck: »Ich werde Sie begleiten, Senhor, denn ich kenne den Sertão.«

»Kennst du auch die Indianer?« wollte ich wissen.

»Nicht so genau«, gab er aufrichtig zu.

Er gefiel mir, und da es mir auf eine Person mehr oder weniger nicht ankam, nahm ich ihn einige Tage später mit auf meine Expedition.

Während wir zusammen wochenlang die Wildnis durchstreiften und am Abend um das knisternde Lagerfeuer saßen, wurden wir immer vertrauter. Und so erfuhr ich manches aus seinem Leben, von seinen Erlebnissen und Wünschen. Er erzählte von seiner Schwester Iras, den Freunden, von seinem Vater und Onkel

Ricardo, von Felicidade und dem Sertão, dieser Wildnis mit Flüssen, Seen, Urwald und Steppe. Er wollte ein Sertanejo werden wie sein Vater, denn ein Sertanejo zu sein ist der Stolz jener braungebrannten Männer Brasiliens, mit denen ich wochenlang unter der glühenden Sonne dieses Land durchstreift hatte.

Später erfuhr ich, daß Pedro in Felicidade eine Kaffeepflanzung angelegt hatte. Er war ein aufgeweckter Junge, und ich wußte, daß er seinen Weg gehen würde.

IN PEDROS FAMILIE war kürzlich allerlei geschehen. Pedro hatte zwei Schwestern und einen Bruder, mit denen er sich gut verstand. Sie hießen Ines, Sarita und João. Dazu kam plötzlich Iras. Sie wurde nicht etwa im elterlichen Haus geboren, sondern die Mutter brachte sie von einer Reise mit. Eines Tages war sie einfach da und stand, an die Hand der Mutter geklammert, mitten unter ihnen — ein ganz dunkles Negerkind.

»So, nun bist du daheim«, sagte die Mutter, als sie das Haus betraten, »und das sind deine Geschwister. Sie sind bei uns alle satt und groß geworden.« Und zu den eigenen Kindern gewandt fuhr sie fort: »Gafft nicht so und seid lieb zu ihr. Ihr Vater ist schon lange tot, und die Mutter wurde kürzlich von einer Schlange gebissen. Eure Tante Maria hat die drei Waisen zu sich genommen; Iras ist jetzt hier und wird von nun an eure Schwester sein.«

»Eine Schwester!« riefen Ines und Sarita wie aus einem Munde und umarmten Iras, die traurig und bewegungslos an der Tür stand.

»Eine Schwester?« wunderte sich Pedro. Er gab der Neuen schnell die Hand und folgte dem älteren Bruder, der nach einer sehr knappen Begrüßung die Stube verlassen hatte.

»Was sagst du dazu?« fragte er, während er an der Seite Joãos dem Flusse zuschritt, der sich schmal und träge durch die Wildnis wand.

»Ich denke, daß du nunmehr einen Fisch mehr fangen mußt«, erwiderte der Bruder anscheinend gleichgültig.

»Aber sie ist doch rabenschwarz!«

»So schwarz ist sie nicht, und außerdem bist du auch nicht weiß wie ein Engel.«

»Sie ist schwarz«, trotzte Pedro.

Da drehte sich der Bruder kurz um, haute ihm eine herunter und ging weiter, als wäre nichts geschehen.

Pedro war sprachlos und seine Backe reibend zurückgeblieben. Was hatte diese Ohrfeige mit seiner Behauptung zu tun? Iras war nun mal fast schwarz. Hatte João keine Augen im Kopf, um das zu erkennen?

Erst allmählich erinnerte sich Pedro, daß die Neger es nicht lieben, als Schwarze bezeichnet zu werden. Sie wollten Sertanejos sein wie alle. Pedro hatte bisher niemals daran gedacht, einem Neger seine dunkle Haut vorzuwerfen. Erst jetzt, wo er einen Grund suchte, um mit der neuen Schwester unzufrieden sein zu können, fiel ihm auf, daß er zwar nicht viel, jedoch immerhin ein wenig hellhäutiger war als sie.

Er drehte sich um und ging zurück. Als er vors Haus kam, trat ihm Iras entgegen. Sie sah ihn mit ihren großen Augen an, als wolle sie ihn bitten, wieder gut zu sein. Da schämte er sich und lachte, um seine Verlegenheit zu verbergen.

»Wie heißt du?« fragte sie, indem sie zögernd seine Hand ergriff.

»Pedro«, gab er rasch zurück. »Manchmal gehe ich als Mulatreiber und verdiene Geld. Im Augenblick habe ich keins, aber wenn ich wieder welches verdiene, werde ich dir etwas kaufen.«

»Du brauchst mir nichts zu kaufen«, flüsterte sie verschämt, während ihre Augen strahlten.

»Doch, ich kaufe dir bestimmt etwas!«

»Gehst du zur Schule?«

»Dazu hatte ich noch keine Zeit. Ich muß fischen, jagen und Mulas treiben; das bringt mehr ein als die Schule.«

»Ich bin zur Schule gegangen. Wenn du willst, zeige ich dir meine Bücher.«

»Hier kannst du nicht zur Schule gehen«, meinte er. »Wir haben zwar eine Schule, aber keinen Lehrer. Der starb vor langer Zeit, und ein neuer ist noch nicht gekommen.«

»Und wie heißt euer Dorf?«

»Felicidade — Glück.«

»Seid ihr alle glücklich?«

»Ja — die Leute sagen es.«

Iras blickte nachdenklich in die Ferne, wo die Straße zu Ende war und die letzten Häuser des Dorfes standen. Ganz leise, als spräche sie zu sich selbst, erzählte sie nach einer Weile: »Unser Dorf hieß nicht Felicidade. Ich glaube, es besaß gar keinen Namen. Wenn vom Dorf die Rede war, sagten alle Leute: ›Auf Talude, auf der Böschung.‹ Du mußt wissen, daß alle Häuser dort auf dem steilen Flußufer standen und vom Wasser her zu sehen waren. So viele Häuser waren es jedoch nicht wie hier in Felicidade.«

»Wohin bist du zur Schule gegangen?« fragte Pedro.

»Im Dorf wohnte ein Krüppel, der nicht mehr arbeiten konnte. Zu ihm gingen wir Kinder und lernten alles. Er war Lehrer, Arzt und Pfarrer zugleich.«

»Dann war er ein sehr kluger Mann.«

»Das glaube ich nicht, Pedro, doch hatte er mehr Zeit als die anderen.«

»Da hast du es wieder!« rief Pedro triumphierend. »Wer sich mit Büchern befaßt, muß viel Zeit haben. Wir fleißigen Leute haben anderes zu tun. So, und jetzt muß ich fischen, damit wir etwas in den Kochtopf bekommen. Unser Vater ist mit dem Präfekten unterwegs. Wenn er heimkommt, braucht er schon einen großen Fisch für sich allein.«

PEDROS VATER galt als einer der verwegensten Buschläufer und als ein Jäger, der tagelang einer kaum sichtbaren Fährte folgen konnte. Wenn er von einem Ritt nach Hause kam, brachte er jedesmal etwas mit. Manchmal war es ein Stück Wild, ein feister Vogel oder ein junger Kaiman, manchmal waren es Fische. Doch sammelte er auch Früchte, heilende Kräuter und schmerzstillende Baumrinde.

Der Präfekt aber war kein tapferer Mann. Um ungefährdet durch den Sertão reiten zu können, nahm er immer Francisco mit. Auf ihn konnte er sich besser verlassen als auf andere Männer, seinen Hund oder gar sein Gewehr. Wer mit Francisco Alfieri ritt, brauchte keine Angst zu haben. Dieser Mann kannte nicht nur die Wildnis, sondern auch die Indianer, denen der Präfekt lieber aus dem Wege ging.

Dazu hatte er allen Grund. Sein Vorgänger war ein unverbesserlicher Raufbold gewesen, der das Leben eines Indianers nicht höher eingeschätzt hatte als das eines verwilderten Hundes. So war es dem jetzigen Präfekten nur lieb, wenn zwischen ihm und den roten Söhnen der Wildnis recht viel Gras wuchs, wenn er ungehindert mit Francisco umherreiten konnte, ohne den blauschwarzen Schopf eines Indianers zu sehen.

Das Dorf Felicidade bestand erst seit etwa dreißig Jahren. Vor dieser Zeit hatte es an der gleichen Stelle eine Siedlung gegeben, die von Indianern überfallen und niedergebrannt worden war, nachdem die Siedler ein Dutzend der roten Jäger umgebracht hatten. Francisco war damals, als Felicidade gegründet worden war, noch sehr jung gewesen. Mit seinem Vater, den die kleine Gemeinde zum Wortführer gewählt hatte, war er tief in den Sertão hineingeritten und hatte die Indianer aufgesucht, um mit ihnen Freundschaft zu schließen. Sie hatten gelobt, niemals in ihrem Leben einen Indianer zu töten und jeden von ihnen gastfreundlich aufzunehmen. Die Indianer wiederum hatten Ähnliches versprochen.

Daraufhin war das neue Dorf Felicidade genannt worden. Das Glück war bei den Siedlern eingezogen, aber der spätere Präfekt hatte sich nicht um die Abmachung gekümmert und die Indianer verfolgt. Häufig suchte Francisco damals die Indianer auf. Immer wieder hatte er es verstanden, das drohende Unheil vom Dorf abzuwenden, und er hatte die Indianer davon überzeugt, daß der Präfekt der allein Schuldige an den Zwischenfällen sei. So war der Haß der Indianer auf ihren Verfolger von Tag zu Tag stärker geworden, bis den Präfekten schließlich sein Schicksal ereilte. Ohne die geringste Spur einer Verletzung war er von Männern des Dorfes tot im Sertão aufgefunden worden.

Seitdem war es auffallend still gewesen. Die Indianer lebten zurückgezogen und sehr weit entfernt in ihrem Dorf, und die Leute von Felicidade hüteten sich, in ihre Nähe zu kommen.

RICARDO war Pedros Onkel, der Bruder von Dona Luisa, der Mutter Pedros. Klein von Gestalt und flink wie eine Gazelle, nahm er es mit allen Jägern des Dorfes auf, die sich allerdings lieber auf die Geschwindigkeit ihrer Pferde als auf die Behendigkeit ihrer eigenen Beine verließen.

Da auch Pedro auf seine Füße angewiesen war, weil er kein Pferd besaß, schloß er sich gern Ricardo an. Zu zweit liefen sie oftmals weit in die Wildnis hinein. Sie jagten alles, was ihnen über den Weg lief, mit Vorliebe jedoch Papageien. Es lag ihnen wenig daran, die Tiere zu töten, vielmehr versuchten sie, diese unversehrt in die Hand zu bekommen, um sie zu zähmen. Ricardo hatte schon viele Tiere für den Zoologischen Garten in Rio de Janeiro gefangen, auch verkaufte er für wenig Geld junge Affen und Papageien an alle Siedler der näheren Umgebung. Mit unsagbarer Geduld gewöhnte er die Tiere an den Menschen. Sie legten ihre Wildheit ab und bewegten sich frei im Dorf, ohne es wieder zu verlassen.

Viele Leute behaupteten, daß Ricardo im Staat Minas Gerais bei der Suche nach Edelsteinen ein Vermögen erworben habe. Man hielt ihn für einen reichen Mann. Ricardo lachte darüber, widersprach aber nicht. Er stellte wenig Ansprüche an das Leben und lief viel lieber in alten Hosen herum, als daß er seinen weißen Leinenanzug angezogen hätte.

»Du mußt nicht alles glauben, was die Leute erzählen«, sagte er eines Tages zu Pedro, während sie im Sertão unter einem schattenspendenden Baum saßen. »Wir leben so einsam in Felicidade, daß die Menschen etwas erfinden müssen, um vor Langerweile nicht zu sterben. Mach dir nichts daraus, wenn sie dir eines Tages etwas nachsagen, was nicht stimmt.«

»Etwas Gutes lasse ich mir gefallen, aber etwas Schlechtes nicht«, begehrte Pedro auf.

»Das Schlechte würde noch schlimmer werden, wenn du ihnen widersprechen würdest.«

»Bist du zur Schule gegangen?«

»Das kann dir deine Mutter bestätigen. Unsere Eltern hielten mich für sehr begabt und steckten mich in ein Internat, wo ich

für wenig Geld noch weniger lernte. Nach drei Jahren brannte ich durch, wurde Schuhputzer in einer Hafenstadt und Stallbursche in einem Zirkus. Dort kam ich auf den Gedanken, Tiere einzufangen und zu zähmen.«

»Und dann?« fragte Pedro gespannt.

»Das erzähle ich dir ein andermal. Jetzt reizt mich der Arara, der dort drüben in der Palme sitzt. Wenn ein Arara allein ist, dann hat er entweder seinen Gefährten verloren oder ...«

» ... das Weibchen brütet.«

»Genau das ist es, was ich annehme«, meinte Ricardo. »Der Arara hat uns längst entdeckt und beobachtet uns, um uns nötigenfalls in eine verkehrte Richtung zu locken. Wir gehen jetzt auf die Palme zu. Fliegt er weg, dann suchen wir in entgegengesetzter Richtung so lange das Nest, bis wir es gefunden haben.«

Der Arara war ein stattlicher, blaugelber Vogel, der sich auffallend scheu verhielt und beim Näherkommen der beiden Jäger mit raschen Flügelschlägen davonflog.

Weithin bestand die Wildnis aus niedrigem Buschwerk mit vereinzelt aufragenden Bäumen. Ricardo behauptete, daß vor sehr langer Zeit an dieser Stelle ein Urwald gestanden habe, der es an Dichte mit dem amazonischen hätte aufnehmen können. Die Siedler trügen die Schuld an seinem Niedergang, und die Indianer legten zeitweilig Brände an, die alles zerstörten und bis in die Wurzeln hinein vernichteten. Der sandige Boden verlor seine ursprüngliche Feuchtigkeit, so daß ein richtiger Baumwuchs nicht mehr aufkommen konnte. Was jetzt noch gedieh, war kümmerliches Gestrüpp. Nur an den Wasserläufen gab es verfilzten Galeriewald, morastige Urwaldstreifen mit Baumriesen und Palmen aller Art.

Dort steckten auch die Tiere, die tagsüber die offene Steppe mieden. Faultiere, Jaguare und Brüllaffen hielten sich in dem dichten Dschungel verborgen, wo auch mit der Anakonda und dem Buschmeister zu rechnen war.

Pedro hatte beizeiten gelernt, auf die Stimmen der Wildnis zu lauschen. Was man nicht sehen konnte, mußte man hören. Der Sertão war durchaus nicht so harmlos, wie es den Anschein hatte.

In jedem Termitenhügel konnte eine Klapperschlange verborgen sein. Wehe dem Fremden, der sich durch die Stille des Sertão einschläfern ließ! In dieser Wildnis gab es viele unsichtbare Gefahren.

Nur für die braunen Sertanejos schien es keine zu geben. Barfüßig liefen sie über den glutheißen Sand. Ihre Augen waren überall, vor allem in den Bäumen, wo die Araras und Tukane ihre Nester bauten. Den Tukanen, den Pfefferfressern, stellte Ricardo ebenso eifrig nach wie den Araras und den kleineren Papageien, weil sie wegen ihres großen, bunten Schnabels sehr beliebt waren. Sie verrieten ihr Nest durch lautes Geschrei und aufgeregtes Umherfliegen, wenn eine Raubkatze oder ein Mensch in ihre Nähe kam.

Es dauerte gar nicht lange, und Ricardo hatte das Nest des blaugelben Araras entdeckt, in dem tatsächlich das Weibchen brütete. Vorerst unternahm er nichts, denn der junge Arara war noch nicht geschlüpft.

An diesem Tag war im Sertão nichts mehr los. Er schien mit allen seinen Tieren eingeschlafen zu sein. Die Sonne glühte unbarmherzig auf ihn hernieder, und nicht der geringste Windhauch bewegte die Blätter der Bäume.

AUF DEM RÜCKEN EINES PFERDES fühlte sich Pedro, als gehörte ihm der Sertão. Der Schimmel, den sie daheim besaßen, war das kostbarste Gut der Familie. Daß ihn der Vater für einen Pappenstiel bekommen hatte, verdankte er einem Unfall.

Vor einem Jahr war ein städtischer Herr, ein richtiger Cavalheiro, mit diesem Schimmel geritten gekommen und hatte einen Begleiter gesucht, den er auf eine Jaguarjagd mitnehmen konnte. Francisco hatte beim Nachbarn eine Mula geliehen und war mit dem Fremden losgetrabt. Drei Tage lang durchstöberten sie alle nahe gelegenen Urwaldstreifen, bis sie ganz plötzlich einen schwarzen Jaguar erblickten. Der Cavalheiro schoß und traf, aber der Schimmel erschrak darüber so heftig, daß er seinen Herrn abwarf. Die Folge war ein komplizierter Armbruch des städtischen Jägers. Francisco wußte Rat. Er hatte heilende Kräuter gesucht, sie auf die Wunde gelegt und seinen Begleiter wohlbehalten, wenn auch mühsam ins Dorf zurück und hinüber zum Fluß gebracht, wo der Herr ein Boot bestieg und zur nächsten Ortschaft reiste. Von dem Pferd wollte der Stadtmensch nichts mehr wissen. Er überließ es für einen Spottpreis Francisco, der es stolz nach Hause geritten und »Findling« genannt hatte.

Der Vater brauchte den Schimmel für seine weiten Ritte mit dem Präfekten. War er tatsächlich einmal zu Hause, dann wollte João das Pferd für einen Tag besitzen, und wenn Pedro fragte, ob er endlich an der Reihe wäre, dann brauchte das Pferd seine Ruhe und mußte weiden.

Es gab jedoch andere Pferde und Maulesel im Dorf, die auf Pedro und die anderen Jungen nur zu warten schienen, denn was das Dorf benötigte, mußte mit den Tieren herangeschafft werden. Fortwährend zogen bepackte Pferde, leichtfüßige Mulas, schreiende Jungen und größere Burschen durch den Sertão zum Rio Tocantins hinüber. Die drei Kaufleute von Felicidade hatten alle Hände voll zu tun, damit alles vorrätig war, was die Leute brauchten. Außerdem galt es, die Erzeugnisse des Dorfes wegzubringen, zum Beispiel Baumwolle, Rohzucker, Tabak und Mais.

Pedro galt als ein zuverlässiger Treiber, weshalb ihn die Kaufleute gern beschäftigten. Außerdem wog er selbst so wenig, daß er kein eigenes Pferd reiten mußte und ab und zu zwischen den Lasten auf einer Mula sitzen konnte. Das freute ihn zwar nicht besonders, doch war es den Kaufleuten von Nutzen. Sie besaßen nämlich nur eine bestimmte Anzahl Pferde und Maulesel, von denen immer einige nicht zu gebrauchen waren, weil sie wunde Druckstellen hatten.

Am liebsten brachte Pedro Tiere und Lasten zum Tocantins hinüber, weil er bei dieser Gelegenheit mit anderen Menschen zusammenkam. Selten trieb er allein. Unterwegs konnte so viel geschehen, daß es sicherer war, zwei Treiber auf den Weg zu schicken. Nach Möglichkeit begleitete er seinen Bruder João.

Als Pedro groß genug war, um selbst die Verantwortung für einen Transport zu übernehmen, ließ ihn der Kaufmann Jorge de Oliveira zu sich kommen. Jorge war wie die anderen und hatte auch nur wenig Geld. In Felicidade war es so, daß jeder vom anderen etwas kaufte, ohne zu bezahlen. Sie waren alle untereinander verschuldet, und die drei Kaufleute wußten kaum noch, womit sie die Waren bezahlen sollten, die sie vom Rio Tocantins herbeischaffen wollten.

Jorge machte also ein bekümmertes Gesicht, während er Pedro einen Stuhl zuschob. Dann setzte er ihm ein Täßchen cafesinho vor und sprach sehr feierlich zu ihm:

»Als Treiber bist du für die Ware verantwortlich, mein Sohn. Das war schon immer so und wird auch so bleiben. Was du unterwegs verlierst, mußt du ersetzen. Paß also auf, damit dir nichts abhanden kommt. Auch mußt du alle Tiere wohlbehalten wieder mit nach Hause bringen. Um den Jaguar abzuhalten, gehst du schließlich mit, und die Schlangen wirst du wohl rechtzeitig sehen, damit sie nicht schneller sind als du. Als verantwortlicher Mann bekommst du doppelten Lohn. Trotzdem laß es dir nicht einfallen, dich zu betrinken. Wenn du dies alles genau beachtest, werden wir gut miteinander auskommen.«

Nach dieser langen Rede goß Jorge de Oliveira noch einmal Mokka ein und entließ dann Pedro, ohne ihm ein besonderes Reittier gegeben zu haben.

»Was hat er gesagt?« fragte ein Bürschchen, das Pedro als Mittreiber zugeteilt worden war.

»Daß ich dir für jede dumme Frage eine Ohrfeige geben soll«, antwortete Pedro mit drohender Miene. Er ging schnurstracks zu João und erzählte ihm von dieser Begegnung.

João lachte, klopfte dem Bruder auf die Schulter und erwiderte leichthin:

»Das sagt er jedem Treiber. Wahrscheinlich hat er es auswendig gelernt. Du trägst die ganze Verantwortung — und welches Risiko übernimmt er? Mach dir nichts daraus, denn Jorge hat auch nur als Treiber angefangen. Jedermann weiß, daß ihm dabei ein Esel mitsamt der Last in den Tocantins gefallen ist. Nichts konnte er wieder herausfischen, und keinen Centavo hat er bezahlt, weil er selber nichts besaß.«

»Und was muß er mir geben, wenn mich ein Jaguar beißt?«

»Wenn er anständig ist, bringt er dich auf seine Kosten unter die Erde.«

»Aber ich will nicht unter die Erde gebracht werden!« rief Pedro empört.

»Dann paß nur gut auf. Vergiß nicht, daß er dir die Beköstigung mitgibt, aber mehr als farinha und Dörrfleisch hast du nicht zu verlangen.«

Pedro übernahm die Tiere, verteilte die Ware und fing an, die Lasten gut zu verstauen. Er kannte fast alle Pferde, Maulesel und Esel des Dorfes, so daß es ihm nicht schwerfiel, jedem Tier die passende Last zuzuteilen. In kluger Voraussicht lud er einem kräftigen Maulesel etwas weniger auf, damit er sich von Zeit zu Zeit zwischen die Säcke setzen konnte.

Der Junge, der ihn begleiten sollte, hieß Enio und war ein weitläufiger Verwandter von ihm. Wenn Enio über etwas nicht Bescheid wußte, sah er immer aus, als wollte er sogleich weinen. Diese weinerliche Miene paßte allerdings zu seinem schmutzigen Gesicht und der tropfenden Nase.

Als Pedro die Tiere beladen hatte, trat Jorge de Oliveira zu ihm und prüfte die festgezurrten Sättel. Dann überreichte er ihm ein Säckchen mit getrocknetem Fleisch und farinha.

Eigentlich sollte dieses Produkt aus der Maniokwurzel in Wasser aufgeweicht oder auch gekocht und dann gegessen werden, aber Pedro und Enio konnten unterwegs auch eine Handvoll dieser kiesähnlichen Stückchen trocken in den Mund nehmen und eine Zeitlang daran kauen.

Mit einem erbärmlichen Pferd, vier Mulas und einem Esel trat Pedro seine erste Tour als verantwortlicher Treiber an. Er fühlte sich sehr erhoben und schrie laut auf die Tiere ein, damit ihn alle Leute hören und sehen konnten. Barfüßig, mit sauberem Hemd und geflickter Kniehose ging er als letzter in seiner kleinen Karawane. Enio hatte vorn aufzupassen, daß sie den richtigen Pfad einschlugen.

Nichts konnte peinlicher sein, als wenn bereits im Dorf ein Zwischenfall eintrat und die erste Last verrutschte. Dann spotteten die Männer, und die Frauen sagten vielleicht: »Dafür ist er noch zu klein, der Junge.«

Pedro ließ ohne den geringsten Vorfall das Dorf hinter sich, auch drehte er sich nicht noch einmal um. Er sah vor sich die Tiere, den Jungen und den weiten Sertão. Das machte ihn so froh, daß er anfing zu singen.

Ein ordentliches Reitpferd wäre ihm natürlich lieber gewesen, aber Jorge besaß ja nicht einmal eins für sich selbst. Seine Tiere waren abgearbeitete Klepper mit wundgescheuerten Rücken und durchgetretenen Hufen. Pedro würde wohl mit dieser Karawane kein Aufsehen erregen.

Nun versuchte Pedro sich auszurechnen, nach wie vielen Jahren es ihm möglich sein müßte, ein Pferd oder wenigstens einen guten Maulesel zu kaufen. Das wenige, was er bis jetzt verdient hatte, langte nicht einmal für ein neues Hemd und eine bessere Hose.

Als Verantwortlicher verdiente er nun doppelt soviel, und mit etwas Glück konnte er es soweit bringen wie João, der jedoch ebenfalls fast nichts besaß. Und mit nichts konnte man keinen Maulesel kaufen.

Wie hat es Jorge de Oliveira gemacht? fragte sich Pedro immer wieder. Der war als Junge Treiber gewesen und besaß jetzt einen Handel und ein Dutzend Tragtiere.

Enio brüllte wie verrückt und lief einer Mula nach, die ausgebrochen war.

Die Tiere mußten einem Pfad folgen, der breit genug war, daß sie mit ihren Körben und Säcken durchkommen konnten. Sobald jedoch ein Tier nach der Seite ausbrach, lief es Gefahr, mit der Last anzustoßen oder sie gar zu verlieren. Das gab unnötigen Zeitverlust und zusätzliche Plackerei. Zudem brannte die Sonne so heiß vom Himmel herab, daß jeder Handgriff einen Schweißausbruch zur Folge hatte. Das Laufen strengte die Jungen kaum an, weil sie es gewöhnt waren, mit ihren nackten Füßen stundenlang über den heißen Sand zu gehen. Unangenehmer war das hohe, messerscharfe Gras, das stellenweise den Sand bedeckte und die Haut aufschnitt.

Schon wieder brach eine Mula aus! Pedro raffte einen dürren Ast auf, schleuderte ihn dem Ausreißer hinterher und brachte ihn auf diese Weise zurück.

Vor ihnen lag ein Urwaldstreifen, der von ferne wie eine undurchdringliche Mauer aussah. Pedro stieß einen gellenden Schrei aus, sprang zwischen die Säcke des Maulesels und lachte über Enio, der sich vergebens mühte, eine Mula zu erklimmen.

»Ho, ho!« schrie Pedro vor Vergnügen. »Gleich werden dich die Krokodile fressen! Brüll nur, Enio, damit uns der Jaguar nichts tut!«

Enio heulte vor Wut, hämmerte mit den Fäusten auf die Mula ein und sah keine Möglichkeit, auf ihren Rücken zu gelangen. Die Mula dachte gar nicht daran, für einen Augenblick stehenzubleiben. Da rannte Enio angstgepeitscht nach vorne zu dem Pferd. Dies war willig, blieb sofort stehen und ließ es zu, daß der Junge auf seinen Rücken kroch.

Pedro war mit diesem Tausch jedoch nicht einverstanden. Er kannte die Tiere nur zu gut und wußte, daß das Pferd keine größere Belastung vertrug. An Steilhängen rutschte es häufig aus, während die Maulesel trittsicher waren.

»Du brichst dir das Genick!« schrie er deswegen aufgeregt. »Nimm nicht das Pferd, Enio!«

Der Junge heulte nur und wagte sich nicht mehr vom Pferd herunter.

Jetzt hatten sie den Urwaldstreifen erreicht. Pedro schrie aus Leibeskräften, sang und brüllte unverständliche Worte oder versuchte, laut zu pfeifen. Das Geschrei war schließlich seine einzige Waffe. Abgesehen von dem Buschmesser, das in einem Korb seiner Mula steckte, besaß er nichts, um einen angreifenden Jaguar abzuwehren. Pedro wußte genau, daß ein Treiber schreien muß, sobald mit wilden Tieren zu rechnen ist. Mit seinem Gebrüll gelingt es ihm auch in den meisten Fällen, sogar den beutelüsternen schwarzen Jaguar in die Flucht zu schlagen.

Nach kurzem Ritt durch den dichten Dschungel fiel der Pfad

steil ab. Jetzt durften die Tiere durch nichts beeinflußt werden. Sie balancierten ihre schweren Lasten aus und setzten ihre zierlichen Hufe unbeirrt Schritt vor Schritt. Das Pferd ging voraus. Es strauchelte. Enio brüllte auf. Das Tier stand so steil zum Hang, daß der Junge sich rückwärts auf das Pferd legen mußte, um nicht hinunterzufallen. Unter ihm gurgelte das dunkle Wasser eines träge rinnenden Baches.

»Halte dich fest!« rief Pedro.

Aber Enio konnte sich nicht länger halten. Als das Pferd abermals ausglitt, sauste er über den Pferdehals hinweg sich überschlagend ins Wasser hinein.

Pedro konnte ihm nicht helfen. Die Tiere durften jetzt nicht aufgehalten werden. Sie mußten schnellstens den Steilhang hinab oder stürzten ebenfalls mit ihren Lasten ins Wasser. Er atmete auf, als das Pferd, unten angekommen, im Bach stehenblieb, um mit langen, durstigen Zügen zu trinken. Die Maulesel gingen an ihm vorbei, und um den Esel brauchte sich Pedro sowieso nicht zu kümmern. Der folgte der Karawane wie ein gut erzogener Hund.

Enio war brüllend und spuckend aufgetaucht, sah plötzlich im Gesicht sauber aus und versuchte, sich an den Körben einer Mula festzuhalten.

Pedro hielt seine Mula an, ließ die Tiere an sich vorbeigehen und wartete auf das Pferd. Als letzter ging er das andere Steilufer hinauf und brachte, oben angekommen, den ganzen Trupp wieder in Ordnung. Er prüfte die Lasten, zog hier und dort einen Sattel zurecht und lachte über Enio, der ihn mit bitteren Vorwürfen überschüttete.

»Du bist wie ein kleines Mädchen«, sagte er schließlich. »Wenn ich nicht rechtzeitig auf eine Mula komme, dann klettere ich lieber allein den Hang hinab und gehe einfach neben den Tieren durchs Wasser. Ein schlechtes Pferd ist jedenfalls gefährlicher als ein Krokodil im Bach. Auch du wirst das noch begreifen.«

»Wirst du das daheim erzählen?« fragte Enio kleinlaut.

»Ach wo, das kann jedem Treiber geschehen. Mit unserem

Pferd nehmen wir einen solchen Hang im Galopp. Ja, tatsächlich! Findling springt von oben herab bis in den Bach hinein.«

»Du lügst.«

»Ich lüge nicht. Es ist das beste Pferd im Dorf und macht noch ganz andere Sachen. Mein Vater sagt, daß es einen Jaguar angehen würde. Aber nun wollen wir sehen, daß wir aus dem Dikkicht herauskommen. Ich habe hier drin mehrmals einen Tigre gehört. Laß mich vorausgehen. Achte gut auf die Tiere!«

Pedro fing wieder an zu schreien und schlug mit einem Stock an die dicken Baumstämme, um alles zu verjagen, was vor ihm auf dem Wege war.

Plötzlich schrak er zurück. Über ihm erklang ein entsetzliches Brüllen. Es hörte sich an, als wären viele Jaguare gleichzeitig zum Angriff angetreten.

Die Tragtiere waren so erschrocken, daß sie umkehrten und davonliefen. Pedro vergaß seine eigene Furcht und jagte ihnen schreiend nach.

»Halte die Tiere auf!« schrie er Enio zu, der gar nicht wußte, was sich vorn ereignete. »Es sind nur Brüllaffen! Laß das Pferd nicht an dir vorbei!«

Enio fiel tatsächlich dem Pferd in den Zügel und hielt es fest. Allmählich beruhigten sich die Tiere. Pedro redete ihnen gut zu und brachte sie auf den Pfad zurück. Dann nahm er dürre Äste und ging gegen die randalierenden Brüllaffen vor. Diese hockten wie böse Geister im Geäst der großen Bäume. Es waren langzottige, große Gesellen mit wutverzerrten Gesichtern, die brüllend an den Ästen rüttelten und so taten, als wollten sie sich auf die Störenfriede stürzen. Nur widerstrebend traten sie unter Pedros Knüppelwürfen den Rückzug an.

Beide Jungen waren froh, als sie endlich wieder in den lichten Sertão kamen. Hier brauchten sie nicht mit unliebsamen Überraschungen zu rechnen und hatten lediglich auf den Pfad zu achten. Die Schlangen lagen tagsüber in Erdlöchern, vor allem in den Hügeln der Termiten. Überall hatten die Termiten ihre Burgen errichtet, die mitunter übermannshoch waren und deren Öffnungen den Schlangen gute Versteckmöglichkeiten boten.

In der offenen Wildnis gab es vorwiegend Klapperschlangen. Die Korallenschlange, deren Biß mit Sicherheit zum Tode führt, kam dagegen nur an bestimmten Stellen vor. Die anderen Schlangenarten bevorzugten den dichteren Wald. Mit Einbruch der Dunkelheit kamen sie aus ihren Verstecken hervor, um auf Jagd zu gehen. Dann war es für eine Karawane besser, einen passenden Lagerplatz aufzusuchen. Selbst die Indianer fürchteten die Dunkelheit, weil sie dann die Tiere nicht mehr sehen konnten.

Der Weg von Felicidade zum Rio Tocantins war jedoch nicht so weit, daß eine Karawane im Freien hätte übernachten müssen. Wer sich beeilte, legte diese Strecke bis zum Abend zurück. Zeitraubende Zwischenfälle durften freilich nicht eintreten. Pedro hütete sich deshalb, den Tieren und sich selbst eine Rast zu gönnen. Ab und zu streiften die Tiere ein Blatt von den Bäumen, während die Jungen in den Beutel griffen und farinha in ihren Mund schoben.

Als Enio sich einen Dorn eintrat, blieb er zwar mehrmals zurück, um ihn zu entfernen, doch hastete er schnell wieder hinter der Karawane her. Er fürchtete sich davor, den Anschluß zu verpassen und allein in der Wildnis zu sitzen. Solange sie alle zusammenblieben, bestand weder für die Tiere noch für die Menschen eine Gefahr. Der einzelne konnte sich im Sertão einsam und verlassen vorkommen.

Enio war außerdem noch zu klein, um es mit der Wildnis aufnehmen zu können. Pedro dagegen streifte bereits mit dem Gewehr tagelang allein umher. Er wußte ganz genau, daß er sich auf seinen Spürsinn ebenso wie auf seine Waffe verlassen konnte. Wenn er gar noch ein Pferd besaß, dann fühlte er sich als Herr der Wildnis und jeglicher Gefahr gewachsen.

Allmählich neigte sich die Sonne dem Westen zu. Da setzten sich die Jungen auf ihre Mulas und trieben die Tiere zu größerer Eile an. Enio ritt wieder voraus, und Pedro beschloß den Zug. Weit vor ihnen lag ein dunkler Wald.

Hier floß der Rio Tocantins, ein breiter Fluß mit klarem Wasser, auf dem auch größere Boote vom Amazonas bis zu den weiter oben gelegenen Stromschnellen fahren konnten. Es gab jedoch nicht viele Fahrzeuge, die ihn benutzten, weil seine Umgebung nur spärlich besiedelt war. Sein Oberlauf galt immer noch als ein Stück Wildnis, während an seinem unteren Teil einige Städte lagen, die außer durch einen regen Bootsverkehr auch durch Überlandstraßen und Flugzeuge mit der Außenwelt verbunden waren.

Am Oberlauf des Flusses konnten mehrere Tage vergehen, bevor sich ein Boot sehen ließ. Es kam jedesmal von Carolina herauf, aus der Stadt, die der Mittelpunkt am mittleren Tocantins war. Wer etwas von der großen Welt gesehen hatte, konnte von Carolina behaupten, es sei ein ganz erbärmliches Nest, während es für die Caboclos, die eingeborenen Siedler im Sertão, nichts Großartigeres als diese Stadt geben konnte.

Pedro hatte weder sie noch eine andere Stadt kennengelernt. Für ihn gab es nur Felicidade und das kleine Stück am Strom, wohin er die Waren brachte. Von Carolina wußte er nur soviel, daß schwerkranke Menschen dorthin gebracht wurden, doch war bis jetzt keiner wieder nach Felicidade zurückgekommen. Sie starben entweder unterwegs oder dort im Krankenhaus. Das war natürlich keine gute Empfehlung für diese Stadt, so daß Pedro gar nicht daran dachte, sie jemals zu besuchen.

Als Pedro mit seiner Karawane das Ziel erreicht hatte, lieferte er die Ware sofort bei einem Manne ab, der mit seinem vollen Namen Orestes Olympio Alcantara Pinto hieß und der trotz seiner vielen Namen Victor gerufen wurde. Senhor Victors einzige Arbeit bestand darin, auf das nächste Boot zu warten, um die Waren aus- und einladen zu lassen. Wenn ein Fahrzeug acht Tage auf sich warten ließ, dann hatte er nichts zu tun, denn die von Felicidade ankommenden Lasten trug nicht er in das Speicherhaus, sondern seine Leute. Und diese Leute hatten ebenfalls nichts weiter zu verrichten, als ab und zu Säcke, Körbe und sonstige Behälter ein Stück zu transportieren.

Jorge de Oliveira hatte in letzter Minute zu Pedro gesagt: »Wenn das Boot noch nicht angekommen ist, kannst du zwei Tage warten. Aber nicht länger, hörst du? Inzwischen läßt du die Tiere weiden.«

Das Boot war noch nicht gekommen. Senhor Victor erklärte mit lässiger Handbewegung: »Vielleicht kommt es morgen oder übermorgen. Das weiß nur Gott allein.«

Pedro und Enio bekamen unter einem Palmblätterdach einen Platz angewiesen, wo sie ihre Hängematten ausspannen konnten. Zu essen hatten sie farinha, und einen Cafesinho bekamen sie in jedem Haus, wenn sie es wirklich wollten. Da an diesem Ort sechs Familien wohnten, füllten sie die Zeit mit Besuchen aus.

Senhor Victor hatte vor mehreren Jahren angefangen, ein Haus zu bauen. Es sollte ein schönes Haus aus Lehmziegeln werden, doch fehlten ihm immer die nötigen Arbeitskräfte, so daß der Bau in seinen Anfängen steckengeblieben war. Im Augenblick glaubte er, daß sie weiterarbeiten könnten, wenn genügend Sand vorhanden wäre. Deshalb wandte er sich an Pedro und sagte mit ernster Miene: »Du bist ein großer Junge und hast eine Menge starker Tiere. Wenn du mir den Bausand vom Fluß heraufholst, kannst du ein gutes Stück Geld verdienen.«

Das ließ sich Pedro nicht zweimal sagen. Er sattelte die Tiere, holte Enio aus der Hängematte und machte sich ans Werk. Am Abend hatte er mehr verdient als durch eine mehrtägige Karawane. Auch der zweite Tag verging auf diese Weise, und am Abend kam das seit langem erwartete Boot.

Die Ankunft eines Fahrzeuges war immer wieder für die ganze Siedlung eine Sensation. Da wurde jegliche Arbeit eingestellt. Alle Leute gingen zum Fluß hinab, um die Ankömmlinge zu begrüßen. Selbst die Hunde blieben nicht daheim.

Das Boot kam aus Carolina und brachte außer Lebensmitteln mehrere Passagiere mit. Einige fuhren noch weiter stromauf, ein Herr wollte nach Felicidade, und ein junges Mädchen kam als Besuch zu Senhor Victor. Außer diesen Leuten gab es noch die Besatzung an Bord, fünf Männer und eine Frau. Die Frau war Köchin und kochte auf einem kleinen Herd des Fahrzeuges die leckersten Gerichte. Wenn an Bord gegessen wurde, drückte sie allen Anwesenden ohne Ausnahme einen Blechteller in die Hand, verteilte Reis, Makkaroni, schwarze Bohnen, Eier und Fleisch und überließ es jedem, mit oder ohne Besteck zu essen.

Der nach Felicidade reisende Herr nannte sich Doktor. Pedro hielt ihn für einen Arzt, doch schien der Fremde nicht viel von Medizin zu verstehen. Als ihn nämlich eine Frau fragte, ob er ein Mittel gegen Rheumatismus bei sich hätte, war er ganz verdutzt und erwiderte, darauf sei er nicht vorbereitet.

»Vielleicht kuriert er Pferde?« meinte Enio mit einem Blick auf ihr Pferd, das sich wund gerieben hatte.

»Wenn er mit Eseln umgehen kann, kommst du zuerst an die Reihe«, gab Pedro spöttisch zurück.

Senhor Victor rief Pedro zu sich ins Haus und sagte zu ihm, während der Doktor einen Cafesinho trank: »Dieser Herr möchte mit dir nach Felicidade reiten. Gib ihm dein bestes Tier. Du bringst ihn sofort zum Präfekten.«

Am nächsten Morgen war der Doktor zeitig auf den Beinen. Er hatte bei Senhor Victor in einer Hängematte geschlafen und seinen Koffer gar nicht erst ausgepackt. Auf Pedro machte er einen guten Eindruck, denn er war in seiner Art natürlich, freundlich und etwas derb.

»Woher kommen Sie?« wagte Pedro zu fragen, während er die Tiere belud.

»Aus Belo Horizonte«, gab der Doktor zurück.

Mit dieser Auskunft wußte Pedro nichts anzufangen. Rio de Janeiro war für ihn ein Begriff, doch wußte er nicht, wo Belo Horizonte lag.

»Da staunst du, was?« fragte der Doktor.

Pedro schüttelte den Kopf, als käme jeden Tag ein Reisender von Belo Horizonte an.

»Na, sei ehrlich«, sagte der Herr, »du weißt nichts von Belo Horizonte, und ich wußte bis vor kurzem nichts von Felicidade.«

Nun lachte Pedro und warf dem Doktor einen schelmischen Blick zu.

»Beeilt euch!« rief Senhor Victor vom Haus herüber.

Pedro zog die Gurte fest, legte seiner besten Mula einen Reitsattel auf, den er von Senhor Victor bekommen hatte, und prüfte noch einmal den Sitz der Lasten. Dann sagte er: »Pronto! Fertig!«

Der Doktor verabschiedete sich von einigen Leuten und

schwang sich in den Sattel. Enio rannte voraus, und Pedro setzte sich auf eine andere Mula, die nur wenig zu tragen hatte. Bald danach lag die Siedlung weit hinter ihnen.

DIE ANKUNFT DES DOKTORS aus Belo Horizonte könnte mit einem Abenteuer zusammenhängen, vermutete Pedro. Wer in die Wildnis ging und von so weit her kam, der hatte etwas Ungewöhnliches vor. Entweder besuchte er Indianer oder wollte Jaguare schießen, wenn nicht gar eine Anakonda. Jedenfalls würde der Doktor nicht extra nach Felicidade reiten, um dem Präfekten die Hand zu schütteln.

»Was gibt es in Felicidade?« fragte plötzlich der Doktor, während er seinen Kopf zur Seite drehte, damit ihn Pedro hören konnte. Pedro trieb seine Mula an und ritt, solange es der Pfad zuließ, neben dem Doktor.

»Da gibt es nur ein paar Häuser, drei Kaufleute, einen Präfekten und eine Handvoll Menschen«, gab Pedro schlagfertig zurück.

»Keine Schule, kein Hospital und keine Kirche?«

»Nichts, Senhor. Den Gottesdienst machen wir selber.«

Der Doktor sah schweigend geradeaus.

Pedro brachte ihn in Verbindung mit Belo Horizonte und nannte ihn heimlich Belo-Doktor. Belo bedeutete zwar schön, doch klang es besser als Horizonte-Doktor.

»Für wen reitest du?« fragte der Doktor nach kurzem Schweigen.

»Für Jorge de Oliveira. Er ist Kaufmann und war früher Treiber. Ein tüchtiger Mann, Senhor.«

»Dann willst du auch einmal Kaufmann werden?«

»Wenn ich nur wüßte, wie er es gemacht hat, Senhor.«

»Du sagst ja selbst, daß er tüchtig ist.«

»Mein Vater ist noch tüchtiger, aber zum Kaufmann hat er es nicht gebracht«, meinte Pedro verdrießlich.

Der Doktor lachte.

Pedro mußte zurückbleiben, um dem Esel den Sattel fester zu schnallen. Als er wieder neben dem Doktor ritt, zeigte er auf den weiten Sertão hinaus und meinte: »Mein Vater sagt immer, daß die Wildnis besser sei als ein Sack voll Geld. Sie müssen wissen, Senhor, daß er der beste Jäger und der schnellste Reiter unseres Dorfes ist.«

»Dann hat er bestimmt ein gutes Pferd.«

»Ein besseres finden Sie bestimmt nicht wieder!«

»Kann man es mieten?«

»Er gibt es für keinen Preis in fremde Hände. Im Dorf haben wir jedoch andere gute Pferde und Maulesel, die Sie mieten können.«

Pedro rutschte von seiner Mula, lief nach vorne und gab Enio die Anweisung, etwas schneller zu gehen.

Als sie um die Mittagszeit den Bach erreichten und das Steilufer auf der einen Seite hinab- und auf der anderen wieder erklimmen mußten, stellte Pedro fest, daß der Doktor nicht zum erstenmal im Sattel saß. Mit größter Selbstverständlichkeit verließ er sich auf die Trittsicherheit seiner Mula.

Diesmal verzichteten die Jungen auf ihr lautes Geschrei, weil sie dem Fremden gegenüber ihre Furcht vor dem Jaguar nicht zeigen wollten. Der Doktor meinte jedoch, ein wenig Radau könne nicht schaden.

»Sie wissen das?« fragte Pedro überrascht.

»Entweder jagt man die großen Katzen, oder man will vor ihnen sicher sein«, erwiderte der Doktor. »Das hat mit Angst nichts zu tun. Wenn ich nachts reiten muß, dann hänge ich dem Pferd eine Schelle um den Hals und pfeife. Das kann sogar sehr lustig sein.«

Ein sonderbarer Mensch, dachte Pedro, nennt sich Doktor, reitet durch die Nacht und scheint nicht arm zu sein. Was er nur will in einem einsamen Nest wie Felicidade?

Noch am selben Abend saß der Doktor dem Präfekten gegenüber. Er war von ihm eingeladen worden, sein Gast zu sein. Die Frau und die Töchter des Präfekten hielten sich voll übertriebener Rücksichtnahme zurück.

»Ja, wir suchen neue Lager«, fuhr der Doktor fort, nachdem er bereits eine Zeitlang von seiner Tätigkeit als Geologe und Mineraloge im Staate Minas Gerais erzählt hatte. »Wir haben auch hier, im Staat Goiás, die Möglichkeit, Edelsteine in größeren Mengen zu finden. Ich bin kein Gold- und Diamantensucher, sondern nehme nur hier und dort das Land in Augenschein, damit wir in Belo Horizonte daraus unsere Schlüsse ziehen können. Kurzum, ich brauche für die nächsten acht Tage zwei Reittiere, eine Packmula und den Jungen Pedro.«

»Sie können bessere Begleiter haben als diesen Jungen«, wandte der Präfekt ein.

»Der Junge ist mir gut genug«, widersprach der Doktor.

»Wie Sie wünschen, Senhor. Es steht Ihnen alles zur Verfügung. Wir haben Kaufleute im Ort, die Sie mit dem nötigen Proviant versehen werden. Natürlich bekommen Sie die besten Tiere, die ich auftreiben kann.«

Den ganzen nächsten Tag verbrachten der Doktor und Pedro damit, ihren mehrtägigen Ritt vorzubereiten. Der Präfekt gab ihnen zwei Pferde und eine Mula, während sie Proviant einkauften und sich nach einer Hängematte für den Doktor umsahen.

Die Hängematte ist für jeden Caboclo und Sertanejo ein kostbarer Besitz. Er opfert mitunter sein ganzes Geld für sie und nimmt sie überallhin mit. Nach Möglichkeit verzichtet er auf die billige Industrieware und kauft eine handgewebte Matte mit langen Fransen, wie sie von den Caboclofrauen angefertigt werden.

»Bei den Kaufleuten bekommen Sie keine gute«, sagte Pedro verächtlich. »Die besten Hängematten knüpft Dona Lucilla. Wenn Sie wollen, führe ich Sie zu ihr.«

Der Doktor war damit einverstanden. Dona Lucilla legte ihnen zwei Hängematten vor, die so gut aussahen, daß Pedro seine Augen aufriß und einen tiefen Seufzer hören ließ. Die eine weiße Matte übertraf seine kühnsten Träume. Sie besaß lange Fransen und zwei eingewebte rote Blumen. Ihre Fäden waren weich und zugleich fest, so daß sie gut wärmen und wahrscheinlich ein ganzes Menschenleben lang halten würde. Pedro hätte nicht gewagt, sie jeden Tag zu benutzen. Sie war eigentlich nur für große Feiertage geschaffen.

Der Doktor schien anders darüber zu denken. Er befühlte sie kurz, erkundigte sich nach dem Preis und kaufte sie. Pedro wollte erschrocken abwehren, aber da war der Handel bereits getätigt, und Dona Lucilla steckte zufrieden schmunzelnd die Geldscheine ein.

»Das hätten Sie nicht tun dürfen«, sagte Pedro vorwurfsvoll, als er mit dem Bündel unterm Arm dem Doktor auf die Dorfstraße hinaus folgte.

»Warum denn nicht?« wunderte sich der Doktor.

»Sie ist doch viel zu fein und zu teuer! So etwas nimmt man nicht mit in den Sertão hinein.«

»Hm, eigentlich hast du recht, aber da ich sie nun einmal habe, nehme ich sie auch mit. Du mußt eben aufpassen, daß ihr nichts geschieht.«

Der Doktor war ein seltsamer Mensch. Er nahm Pedro in seine Dienste, ohne über eine Entlohnung zu sprechen. In Felicidade drehte sich jedoch alles um das wenige Geld, das jeder verdienen mußte, um die teuren Waren kaufen zu können.

»Der Doktor sieht nicht danach aus, als ob er einen Menschen betrügen würde«, meinte der Vater und wäre am liebsten selber mit in den Sertão geritten.

Pedro schlief in der folgenden Nacht nicht viel, denn er hatte die beiden Pferde und den Maulesel auf die Weide gebracht und befürchtete, daß sie sich trotz ihrer gefesselten Vorderbeine zu weit entfernen könnten. Mehrmals stand er auf und sah nach den Tieren.

Bevor die Sonne aufging, hatte er sie gesattelt und vor das Haus des Präfekten gebracht, in dem der Doktor während seines Aufenthaltes in Felicidade wohnte. Er kam sogleich zur Tür heraus und begrüßte den Jungen fröhlich.

Bald danach ritten sie in den erwachenden Tag hinein, Pedro voraus und zum Schluß der Doktor. Die in der Mitte gehende Mula trug zwei vollgepackte Körbe. Pedros ganze Ausrüstung bestand aus einer Kniehose, einem weißen Hemd und einem breitrandigen Strohhut. Sein Buschmesser hatte er in einen Korb der Mula gesteckt. Der Doktor trug außer Hut, Hemd und Hose noch ein Paar Stiefel und auf dem Rücken eine kurzläufige Winchester.

Hoffentlich schießt er damit nicht auf Indianer, dachte Pedro, wobei ihm ein kurzer Schauer über den Rücken lief.

So früh am Morgen besaß die Sonne noch keine Kraft. Die Luft war kühl, jedoch trocken und klar. Im Augenblick wäre ihnen ein wenig Wärme äußerst angenehm gewesen.

Pedro folgte einem schmalen Jagdpfad und wußte nicht, wohin die Reise ging. Der Doktor sagte: »Nach Süden«, und alles andere schien ihm gleichgültig zu sein.

Als die Sonne bereits ziemlich hoch am Himmel stand, entdeckte Pedro einen wilden Cajúbaum mit reifen Früchten. Cajú ist eine köstliche und saftige Frucht, die als Wildgewächs jedoch kümmerlich ist. Die Bäume werden im Sertão nicht sehr groß, während sie in den Siedlungen der Caboclos den mächtigen Mangobäumen kaum nachstehen. Die Früchte ähneln in ihrer Form kleinen Birnen, auf denen jedoch halbmondförmig ein mandelähnlicher Kern wächst, der geröstet eine Delikatesse ist.

Pedro ritt an den Baum heran, pflückte die Früchte und wollte sie dem Doktor geben. Der jedoch aß bereits nach Herzenslust. »Kein Obstbaum darf übersehen werden«, sagte er dabei genießerisch.

»Wenn Sie es wünschen, Senhor, dann reiten wir nur noch von Baum zu Baum«, erwiderte Pedro. »Um diese Jahreszeit gibt es viele Früchte, die man essen kann.«

»Aber wir halten nur bei den gutschmeckenden an. Wir wollen schließlich unser Ziel erreichen.«

»Und wo ist dieses Ziel, Senhor Doktor?«

»Ach so, darüber haben wir uns noch nicht unterhalten. Wir reiten jetzt zwei Tage nach Süden und biegen danach nach Osten ab. Nach vier weiteren Tagen reiten wir geradewegs nach Felicidade zurück.«

»Wünschen Sie einen Jaguar zu schießen?«

»Das muß nicht sein. Wenn uns einer über den Weg läuft oder gar angreifen will, dann werden wir uns darüber unterhalten.«

»Sie haben bereits welche geschossen, Senhor?«

»Ja, schwarze und gefleckte. Ich war früher ganz wild hinter ihnen her, doch hat sich mein Jagdfieber gelegt. Wenn es nicht sein muß, schieße ich nicht mehr. Die Tiere sind nicht dazu auf der Welt, damit sie von uns abgeknallt werden.«

»Wozu denn sonst?« fragte Pedro naiv. Er war gewöhnt, alle Tiere zu erlegen oder lebend einzufangen.

»Glaubst du, daß wir Menschen dem Herrgott lieber sind als die Tiere?« versetzte der Doktor und stieg den Cajúbaum hinunter. »In unserer Zerstörungswut vernichten wir das, was er erschaffen hat. Sieh dich um, mein Junge, und du siehst nicht mehr viel von dem, was einmal hier gewesen ist. Der Urwald ist verschwunden, die Tiere sind fast alle ausgerottet, und was wir heutigentags mühsam anbauen, das wuchs den Menschen einstmals zu, ohne daß sie sich anzustrengen brauchten. Es wird höchste Zeit, daß wir zur Einsicht kommen und der Natur nicht noch mehr Schaden zufügen. Sonst gibt es hier das gleiche Unglück wie im Hinterland von Pernambuco, wo Dürre und Hunger die Menschen vertrieben.«

»Sie meinen, Senhor, daß man das verhindern könnte?« fragte Pedro verwundert.

»Wenn man rechtzeitig die Gefahr erkennt und etwas dagegen unternimmt. Als es früher noch Urwald gegeben hat, war unser Klima ganz anders — viel besser. Um bei diesen günstigen klimatischen Bedingungen Kaffee, Kakao, Tabak und anderes mehr anbauen zu können, rodeten die Siedler weite Gebiete im Urwald und legten außer Plantagen auch riesengroße Weideflächen für die Viehherden an. Das ging am Anfang ganz gut, aber im Laufe der Zeit änderte sich das Klima; der Regen blieb aus, und die allmählich einsetzende Dürre führte zur Katastrophe. Man hatte vergessen, über den Haushalt der Natur nachzudenken, und als man damit anfing, war es für die Pflanzer zu spät. Es ist besser, rechtzeitig an die Folgen zu denken und vernünftig zu handeln. Das betrifft auch die Tiere, und deswegen rate ich dir, vor jedem

Schuß zu überlegen, ob es wirklich nötig ist, das betreffende Tier zu töten.«

»Was haben die Tiere mit dem Urwald zu tun, Senhor?«

»Sie gehören zur Natur und vor allem zum Walde wie die Bäume selbst.«

»Auch die Schlangen?«

»Auch sie, doch ist es wohl besser, den giftigen nachzustellen, vor allem den Klapperschlangen, die sich in den Dürregebieten erschreckend vermehrt haben.«

»Wir erschlagen alle Schlangen, Senhor«, erklärte Pedro. »Bevor wir sehen, ob es eine giftige ist, kann sie gebissen haben. Sie wissen, Senhor Doktor, daß es eine harmlose und eine giftige Korallenschlange gibt. Man kann sie kaum voneinander unterscheiden.«

»Die Schlangen sind auch nicht meine Freunde«, erwiderte der Doktor. »Mach mit ihnen, was du willst, aber du mußt doch zugeben, daß die Jaguare erst dann angreifen, wenn sie sich bedroht fühlen. Es liegt kein Grund vor, sie wegen ihrer Gefährlichkeit auszurotten.«

»Der schwarze greift fast immer an.«

»Und wie oft triffst du auf einen schwarzen?«

»Es kommt selten vor.«

»Möchtest du, daß es eines Tages keine mehr in dieser Gegend gibt?«

»Ach nein, wir haben uns an sie gewöhnt.«

»Deswegen sage ich noch einmal, Pedro: Denke nach, bevor du schießt. Und jetzt wollen wir unsere Tiere ein wenig ausgreifen lassen. Die Sonne steht bereits über uns.«

Der Doktor war dafür, sehr früh einen Lagerplatz zu suchen. Sie fanden ihn an einem Bach, wo dichter Urwald beide Ufer säumte. Dort entluden sie ihre Körbe und spannten die Hängematten zwischen dicken, hohen Bäumen aus. Pedro schickte sich an, ein Feuer zu entfachen, aber der Doktor wollte noch eine Stunde reiten und sich in westlicher Richtung das Gelände ansehen.

»Bevor es finster wird, bin ich wieder hier«, sagte er und ritt davon.

Auch gut, dachte Pedro und trieb sein Pferd und die Mula in den Bach, wo er sie bespritzte und sorgfältig wusch. Die Tiere hatten es gern, nach der Arbeit gebadet zu werden; um so frischer trugen sie am nächsten Morgen ihre Last. Die Mula zeigte auf dem Rücken wunde Druckstellen, die er mit einem speziellen Öl behandeln mußte.

Auch Pedro badete und tummelte sich zwischen seinen vierbeinigen Gefährten. Das Wasser war kühl und erfrischte herrlich. Es barg an dieser Stelle keinerlei Gefahren, denn für Piranhas, Zitteraale, Krokodile und Stachelrochen war es viel zu kalt. Da es eine heftige Strömung aufwies und immer im Schatten der hohen Bäume floß, kühlte es sich trotz der Luftwärme dauernd ab.

Nachdem Pedro den Tieren die Vorderbeine gefesselt hatte, trieb er sie auf die Weide. Nahe dem Ufer erstreckte sich wieder der offene Sertão, wo sie genügend Futter fanden. Plötzlich vernahm er ganz deutlich das dumpfe Raunzen eines Jaguars. Der Tigre war nicht weit entfernt. Er schien in seiner Ruhe gestört worden zu sein.

»Und ich sitze da ohne Gewehr«, murmelte Pedro verdrossen vor sich hin.

Wozu ritt auch der Doktor so spät am Abend noch einmal davon? Im Wald wurde es allmählich dunkel.

Immer auf den Jaguar lauschend, fing Pedro an, den Lagerplatz herzurichten. Dabei fiel ihm ein, daß sie viel Brennholz brauchten, wenn der Jaguar in ihrer Nähe blieb. An dürrem Holz mangelte es nicht. Er schleppte eine ganze Menge herbei und warf es auf einen Haufen. Ein Sertanejo holt immer mehr Holz, als er in einer Nacht verbrennen kann. Er würde sich hüten, bei finsterer Nacht auf der Suche nach Holz im Wald umherzustreifen.

Wo nur der Doktor blieb? Jetzt brach die Nacht auch über den offenen Sertão herein. Pedro fühlte sich nicht ganz wohl bei dem Gedanken, die Nacht allein in der Nähe eines Jaguars zu verbringen. Jeder Sertanejo war bestrebt, wenigstens nachts einen Gefährten zu haben. Einer wurde immer wach, um das Feuer nicht abbrennen zu lassen oder ein anschleichendes Tier zu bemerken.

Wenn der Jaguar hungrig war, hatte er es zuerst auf die weidenden Tiere abgesehen. Pedros Pferde waren an den Vorderbeinen so kurz gefesselt, daß sie nicht fliehen, sondern nur trippeln oder sich sprunghaft fortbewegen konnten. Deshalb mußte Pedro besonders auf sie aufpassen.

»Ich muß sie neben dem Feuer anbinden«, sagte Pedro zu sich selbst. Noch waren die Tiere nicht weit entfernt. Er nahm einen brennenden Knüppel in die Hand und rannte schreiend in den offenen Sertão hinaus. Dort blieb er lauschend stehen. Es war so dunkel geworden, daß er die Tiere nicht erkennen konnte, aber in der Nähe bimmelte die Glocke des Pferdes. Soeben wollte er sich wieder in Bewegung setzen, als in der Ferne ein Schuß abgefeuert wurde.

Pedro hielt den Atem an. Nichts rührte sich, nur die Glocke des weidenden Pferdes bimmelte leise durch die Nacht. Mit einem Schlag flammten über den ganzen Himmel hinweg verstreut die Sterne auf. Viele von ihnen waren zu Bildern angeordnet, die Ricardo benennen konnte und von denen Pedro nur das Kreuz des Südens kannte.

Gespenstisch standen die verkrüppelten Bäume in der offenen Steppe. Sie waren kaum zu sehen und nur noch etwas dunkler als der Nachthimmel. Pedro hätte viel für eine bessere Sicht gegeben, aber der Mond würde erst viel später als schmale Sichel über den Horizont heraufkommen.

Vorsichtig auftretend und den glimmenden Knüppel schwingend, damit er nicht gänzlich erlosch, ging Pedro auf die Tiere zu. Er fürchtete sich vor den Schlangen, die um diese Zeit ihre Verstecke verließen. Jetzt durfte er nicht einmal schreien, wenn er einen weiteren Schuß nicht überhören wollte.

Befand sich der Doktor in Not, oder hatte er sich nur verirrt? Für Pedro war es nicht einfach, ihn zu suchen, weil er nicht einmal die Richtung kannte, in die der Gefährte geritten war. Der Schuß war viel zu weit entfernt gewesen, um Genaueres daraus schließen zu können. Ringsum befand sich Hügelland mit einzeln stehenden Felsen. Außerdem fürchtete sich Pedro, ohne Waffe durch die Nacht zu reiten. Dann war er jedem Jaguar und jeder großen Schlange ausgeliefert.

Als er sein Pferd und die Mula erreicht hatte, löste er ihnen die Fesseln und schwang sich auf den Rücken des Braunen. Hier oben fühlte er sich ein wenig geborgen. Jetzt war er nicht mehr allein und konnte sich auch auf den Instinkt der Tiere verlassen, die eine Gefahr viel früher als ein Mensch bemerken oder ahnen. Pedro war es gewohnt, ohne Sattel und Zaum zu reiten. Er griff in die Mähne und vermochte nun das Pferd zu lenken.

Zunächst lauschte er noch eine Zeitlang. Der Knüppel in seiner Hand war erloschen. Er brauchte ihn nicht mehr, denn im Notfall wäre er mit den Tieren davongejagt, so schnell, daß ihn kein Jaguar hätte einholen können. Der Tigre griff sowieso lieber aus dem Hinterhalt an, oder er sprang von einem Baum herab seinem Opfer ins Genick.

Ganz ruhig graste die Mula. Sie war ein zuverlässiges Tier mit feinem Gehör und Augen, die auch in dunkler Nacht jeden Gegenstand erkannten. Pedro hatte sie mehrmals mit in einer Karawane gehabt und sich immer über ihre ruhige Art gefreut. Jetzt benahm sie sich so, als gäbe es für sie überhaupt keine Gefahr.

Wenn nur der Jaguar dort drüben nicht gewesen wäre! Er lauerte im Busch und wollte Beute. Hier draußen wären sie vor ihm sicherer gewesen, doch gab es hier wenig Holz und keinen guten Platz für ein Lager.

Warum feuerte der Doktor keine weiteren Schüsse ab? Wer nur einmal schoß, war nicht in Gefahr. Viele Schüsse dagegen zeigten meist eine Notlage an. In diesem Fall wäre Pedro drauflosgeritten und hätte nicht nach Finsternis und nächtlichen Gefahren gefragt.

Mit vielerlei Gedanken im Kopf ritt Pedro seinem Lagerplatz zu. Er wußte selbst nicht, was er unternehmen sollte. Schließlich war er für die Tiere und das Gepäck verantwortlich. Der Doktor wiederum sah nicht danach aus, als ob er wegen einer Nacht im Sertão den Kopf verlieren würde.

Plötzlich stieß die Mula einen kurzen Laut aus und stob seitwärts davon. Pedro warf das Pferd herum und jagte ihr nach. Die Tiere blieben jedoch bald wieder stehen und sogen schnaufend die Luft ein. Das Pferd stampfte mit den Vorderhufen, aber die Mula beruhigte sich rasch. Wahrscheinlich hatte sie eine Schlange bemerkt.

Da fiel schon wieder ein Schuß!

Diese Nacht war wie verhext. Dabei war sie erst angebrochen und währte noch volle elf Stunden!

Pedro konnte sich nicht bemerkbar machen, sein Rufen klang nicht so weit wie ein Schuß. Und wollte er auf gut Glück losreiten, um den Gefährten zu suchen, so brauchte er weitere richtungsgebende Schüsse. Wenn sie ausblieben, irrte er womöglich in die verkehrte Richtung.

Mißgestimmt ritt er zum Waldstreifen hinüber. Er sah ihn nicht, doch hatte er sich die Richtung gemerkt, in der er lag. Um den Jaguar abzuhalten, fing er an zu pfeifen. Dabei war es ihm, als spürte er eine eiskalte Faust in seinem Genick.

Nein, diese Nacht war kein Vergnügen! Er war froh, als er am Lagerplatz eintraf und das Feuer schüren konnte. Die beiden Tiere band er so nahe an einen Baum, daß sie vom Feuerschein noch erreicht wurden.

Hochauf loderten die Flammen. Sie schufen eine behagliche Stimmung und ließen ihn beinahe vergessen, daß um ihn herum der nachtschwarze Urwald war. Das Pferd und die Mula standen nebenan wie treue Gefährten.

Pedro wußte genau, daß sie bei einem solchen Feuer vor dem Jaguar sicher waren. Er stellte eine zerbeulte Konservendose neben die Glut, kochte Kaffee und aß sein einfaches Mahl. Der Doktor hatte viele Lebensmittel mitgenommen, aber für Pedro war farinha gut genug. Nachdem er gegessen hatte, ging er zu des Doktors Hängematte, die zwischen zwei Bäumen hing. Während er sie betrachtete, dachte er an weiße Reiher. So weiß wie sie sah die Hängematte aus. Für einen Augenblick kam er in Versuchung, sich probeweise hineinzulegen, doch verwarf er rasch diesen Gedanken. Er begnügte sich damit, sie wie einen Hund zu streicheln.

Seufzend kehrte er zu seiner eigenen zurück, die mit gebleichten Farben und ohne Fransen bescheiden zwischen zwei anderen Bäumen hing.

Der Feuerschein schuf genügend Helligkeit ringsum. Unter dem Einfluß der aufsteigenden Wärme zitterten die Blätter, als bewege sie der Wind. Kein Stern war zu sehen, weil die Bäume eine undurchdringliche grüne Kuppel bildeten, durch die tagsüber nicht einmal ein Sonnenstrahl fiel. Pedro sah, die Arme unter dem Kopf verschränkt, dem Blätterspiel zu. Und dann war er eingeschlafen.

Die Mula legte sich hin und schlief ebenfalls. Nur das Pferd blieb stehen, senkte den Kopf und rührte sich nicht mehr.

Von nah und fern erklangen die Stimmen des Waldes. Grillen zirpten im Gras, Zikaden sirrten auf den Bäumen. Nachtvögel ließen ihren Schrei erklingen, und aus der Ferne wurde ein Gebrüll laut wie von einem Stier, doch war es nur ein Hornfrosch. Ein Affe kreischte auf und verstummte wieder. Der Jaguar aber nieste und raunzte immer noch in der Nähe.

Pedro schrak auf, rieb sich die Augen und stieg aus seiner Hängematte, um Holz nachzulegen. Er lauschte noch ein wenig den vertrauten Stimmen und schlief wieder ein.

Unhörbar und katzenhaft schlich der Jaguar durch den Wald. Wenn ihn ein verirrter Schein des Feuers traf, glühten seine Augen wie faulendes Holz. Blieb er stehen, so pendelte sein Schweif ein wenig hin und her. Solange es für ihn am Boden Gürteltiere und auf den Bäumen Affen, Faultiere und Leguane gab, ging er den Menschen aus dem Weg. Der Geruch des Pferdes und der Mula mochte es sein, der ihn zum Feuer lockte. Und wenn er es auf eins der beiden Tiere abgesehen hatte und ein Mensch ihm im Wege stand, so würde er auch diesen anfallen.

Jetzt verharrte er genau den beiden Tieren gegenüber und sah den Jungen in der Hängematte liegen. Wenn das Feuer nicht gewesen wäre, hätte er kaum so lange gezögert.

Aber dieses Feuer brannte allmählich nieder. Die glühenden Äste brachen knisternd in sich zusammen, spärlicher leckten die

Flammen an ihnen hoch. Der Blätterdom verlor das Zittern und seinen hellen Schein. Langsam senkte sich Dunkelheit auf das Lager. Pedro merkte nichts von alledem, er schlief.

Plötzlich sprang mit gellendem Schrei die Mula auf. Sie riß an ihrem Halfter und wollte fliehen. Genauso wild gebärdete sich auch das Pferd.

Pedro schnellte empor, stolperte am Feuer vorbei zu den Tieren, sprang zurück und stieß einen Ast in die Glut, daß die Funken stoben. Dabei schrie er aus Leibeskräften und warf dürres Zeug ins Feuer, damit es sich rasch erholen konnte. Ihm brauchte keiner erst zu sagen, daß der Jaguar in der Nähe war. Er kannte seine Tiere und die Tücken der Nacht.

Beruhigend sprach er auf die Mula ein, denn das Pferd richtete sich nach ihr und unternahm nichts von sich aus. Und die Mula wurde ruhiger, blickte jedoch immer noch ängstlich in den Wald hinein.

»Ist das eine Nacht!« seufzte Pedro, indem er sich an das Feuer hockte. Ihn fröstelte, weil er ohne Decke in seiner Hängematte gelegen hatte. Jetzt legte er sich eine um die Schultern und trank heißen Kaffee.

Ob der Doktor auf ähnliche Weise die Nacht verbrachte? Wenn er sich nur verirrt hatte, dann blieb ihm nichts anderes übrig, als sich an ein Feuer zu setzen und auf den Sonnenaufgang zu warten. Er war ja selbst daran schuld. Es war eine Dummheit von ihm, vor Einbruch der Nacht als Fremder in den Sertão zu reiten.

Diese Stadtmenschen wußten alles besser. Waren sie wirklich gescheiter als die Sertanejos, oder taten sie nur so? Sie redeten viel unverständliches Zeug, mit dem ein Caboclo nichts anfangen konnte. Es gab jedoch welche, die tapfer waren und die es mit einer Anakonda aufnahmen.

Pedro gewahrte im Buschwerk zwei funkelnde Lichter. Dort lauerte der Jaguar. Da nahm er ein Stück brennendes Holz und schleuderte es in den Busch hinein.

An Schlafengehen war nun nicht mehr zu denken. Pedro wußte, daß der Jaguar nur auf das Niederbrennen des Feuers wartete, um anzugreifen. Deshalb hütete er sich, es ausgehen zu lassen.

Ganz langsam verstrich die Nacht.

Bevor die Sonne aufging, sattelte Pedro seine Tiere. In flottem Trab ritt er auf den offenen Sertão hinaus. Dort lag ein hoher Berg; von ihm aus hatte man einen weiten Rundblick über das Land. Während Pedro der Anhöhe zustrebte, ging im Osten die Sonne auf. Sie schob sich als glutrote Scheibe über den Horizont herauf und ließ den östlichen Himmel erglühen.

Damit er von allen Seiten her gut zu sehen war, ritt Pedro auf die höchste Kuppe des Berges. Soeben wollte er rufen und schreien, als plötzlich ein Schuß fiel. Nun schrie er aus Leibeskräften und ritt im Kreis herum, um den Blick des Doktors auf sich zu lenken.

Und dann sah er den Doktor, der gleichfalls über einen niedrigen Bergrücken ritt. Pedro gab seinem Pferd die Hacken und galoppierte den Hang hinab, ohne sich um die Mula zu kümmern. Wie der Sturmwind brauste er durch die Wildnis.

Der Doktor sah ihn und sprengte ihm entgegen. Erst als sie auf gleicher Höhe waren, zügelten sie ihre Pferde.

»Wie geht es?« riefen sie gleichzeitig und glitten aus den Sätteln.

»Hoffentlich haben Sie besser geschlafen als ich«, meinte Pedro freudig lachend. »Die Onça hatte es auf uns abgesehen. Das war kein großes Vergnügen.«

»Armer Freund«, gab der Doktor bedauernd zurück, »ich habe geschlafen wie daheim im Bett. Mir ist sogar das Feuer abgebrannt, ohne daß ich es bemerkte. Daß ich mich gestern abend verirrt habe, kannst du dir wohl denken. Die Nacht kam so plötzlich, daß ich nichts mehr sah. Ich band mein Pferd fest, legte mich neben mein Feuer und schlief ein. Mehrmals bin ich erwacht, doch vernahm ich nichts Verdächtiges.«

»Unsere Tiere sind hungrig, Senhor. Ich schlage vor, daß wir noch ein Stück reiten und um die Mittagszeit länger rasten.«

Der Doktor war damit einverstanden. Pedro ritt voraus. Solange die morgendliche Kühle anhielt, blieb er munter, als jedoch die Sonne höher stieg und ihre Glut verströmte, da fielen ihm vor Müdigkeit die Augen zu. Nur mit Mühe hielt er sich an seinem Sattel fest.

IRAS, DER LIEBLING DER FAMILIE ALFIERI, war anders als die übrigen Kinder und anders als die Erwachsenen. Für ihr Alter war sie vielleicht zu ernst, doch konnte sie zeitweilig ausgelassen toben, singen und springen. In Felicidade hatte sie sich rasch eingelebt, zumal alle Leute sehr freundlich zu ihr waren. Sie riefen sie von der Straße weg in ihre Häuser und gaben ihr Gebäck, Bonbons und andere Kleinigkeiten. Wer ein Kinderkleid oder etwas Wäsche entbehren konnte, der gab es ihr. Sie wurde somit das Kind aller, nur daß sie bei den Alfieris zu Hause war.

Die Leute von Felicidade besaßen keine Reichtümer, doch hielten sie zusammen. Die Not des einen war eine Angelegenheit für alle, und wer Grund hatte, sich zu freuen, ließ das ganze Dorf daran teilhaben.

Die kleine Iras war die einzige Negerin im Dorfe. So mancher andere freilich wies ebenfalls Merkmale auf, die auf eine dunkle Abstammung hindeuteten. Niemand jedoch hätte sich etwas daraus gemacht, denn die schwarzen Mammies und dunkelhäutigen Senhores erzählten, daß der liebe Gott zuerst die Schwarzen, und erst als ihm die Farbe ausgegangen sei, die Weißen erschaffen habe. Somit waren die Weißen nicht ganz nach seinem Wunsch gediehen, während die Neger glaubten, die wahren Kinder Gottes zu sein.

Iras stellte derartige Betrachtungen noch nicht an. Sie war froh, eine neue Heimat gefunden zu haben. Gewiß hätte sie auch in der alten bleiben können, doch war sie nun einmal hier. Noch war sie zu jung, um über die seltsamen Wege des Schicksals nachzudenken. Wo man ihr Liebe entgegenbrachte, fühlte sie sich wohl. Sie wußte ja, daß sie nach dem Verlust ihrer Eltern auf fremde Menschen angewiesen war, und

alle Leute in Felicidade sorgten dafür, daß sie keine Fremde blieb.

Im Haus und auf dem Feld stellte sie sich geschickt an. Das Arbeiten war sie gewöhnt. Sie kletterte auch auf Palmen und holte Kokosnüsse herab. Die Alfieris wollten aber davon nichts wissen, denn dazu waren die Jungen da.

»Warum darf ich nicht auf die Palmen klettern?« wunderte sich Iras.

»Wenn du herunterfällst, bist du tot«, erklärte die Mutter Luisa.

»Aber ich falle nicht herunter«, widersprach das Mädchen.

»Bitte, bleib trotzdem unten.«

»Oh, dann will ich unten bleiben«, versprach Iras und hielt ihr Wort.

Es geschah oft, daß sie eine Sache nicht gleich verstand. Daheim war vieles anders gewesen. Dort war sie allmählich in ihre Umwelt hineingewachsen, während sie sich hier ganz plötzlich umstellen mußte.

Hin und wieder vergoß sie heimliche Tränen. Da hatte sie dann das Heimweh überwältigt, und sie sehnte sich nach den Geschwistern. Sobald aber jemand in ihre Nähe kam, war alles scheinbar wieder gut.

Seltsamerweise fühlte sie sich am meisten zu Pedro hingezogen. Er war durchaus nicht der Liebenswürdigste, doch erinnerte er sie sehr an ihren Bruder Samuel, der immer noch im Heimatdorf wohnte, da er groß genug war, seinen Unterhalt selbst zu verdienen.

Aber auch Pedro hatte die neue Schwester in sein Herz geschlossen. Wenn er nach Hause kam und sie nicht gleich sah, fragte er nach ihr. Es war ihm jedoch peinlich, seine Zuneigung zu ihr vor anderen Menschen zu zeigen. Deswegen tat er manchmal so, als wäre sie ihm gleichgültig.

Iras durchschaute ihn und nahm ihm seine Mürrischkeit nicht übel. Im Beisein anderer Jungen sprach sie überhaupt nicht mit ihm.

Beim Baden zeigte sie sich allen gleichaltrigen Kindern überlegen. Sie tauchte so lange, daß es schien, als käme sie überhaupt nicht wieder an die Oberfläche herauf. Auch schwamm sie fast so schnell wie Pedro.

Die Kinder von Felicidade besaßen keine Badeanzüge, weil die Eltern arm waren und die Kaufleute keine unnützen Waren heranschafften. Wer noch klein war, brauchte gar nichts anzuziehen beim Baden. Die größeren Mädchen banden Schürzen um, und die älteren Jungen sprangen in ihren kurzen Hosen ins Wasser.

Für alle gab es nur ein Ziel, nämlich den Fluß tauchend zu durchqueren. Er war nicht sehr breit, doch war es bis jetzt niemandem gelungen, die ganze Strecke unter Wasser zurückzulegen. Sie wetteiferten untereinander, beobachteten sich heimlich und spornten sich gegenseitig an. Doch knapp vor dem anderen Ufer tauchten auch die Besten immer wieder auf. Einer wollte es schließlich erzwingen; er wurde halbtot aus dem Wasser gezogen.

Iras hütete sich, an dem Wettkampf teilzunehmen. Eine seltsame Scheu hielt sie davon ab. Sie schwamm zwar unter Wasser stromab, niemals jedoch zur anderen Seite hinüber.

»Du mußt es versuchen«, wurde sie von den anderen Kindern angespornt. »Wir lachen dich bestimmt nicht aus, wenn du in der Mitte auftauchen mußt.«

Iras schüttelte nur den Kopf und sprang lächelnd ins Wasser.

Pedro war mit dem Doktor zurückgekommen. Er hatte ein gutes Stück Geld verdient und war deshalb in bester Stimmung. Nachdem er die Tiere abgeliefert hatte, wollte er baden gehen. Iras hüpfte vergnügt neben ihm her; sie war froh, daß er nun wieder bei ihr war.

Am Wasser war außer ihnen keine Menschenseele. Da kam Pedro auf den Gedanken, den Fluß tauchend zu durchschwimmen. »Komm, versuch es auch!« ermunterte er die kleine Stiefschwester.

Iras lachte. Wie eine Schlange glitt sie ins Wasser und war verschwunden.

Pedro holte tief Luft, tauchte unter und schwamm mit kräftigen Stößen. Ganz langsam ließ er die Luft aus seiner Lunge. Einen letzten Rest hielt er noch zurück. Ein Würgen stieg in ihm hoch. Noch einige Stöße konnte er schaffen, dann mußte er auftauchen und verschnaufen.

Von Iras war nichts zu sehen. »Iras!« rief er erschrocken und sah sich nach allen Seiten um. Noch einmal gellte sein Ruf über das Wasser. Blitzschnell tauchte er und schwamm zurück. Das Wasser war klar, und er konnte die nähere Umgebung erkennen; von Iras keine Spur. Angsterfüllt kam er wieder hoch — und da sah er, wie sie am jenseitigen Ufer auf Händen und Füßen an Land kroch.

»Iras!« rief er und kraulte zu ihr hinüber. »Du willst doch nicht behaupten, daß du die ganze Strecke getaucht bist?«

Sie blieb stumm und lächelte ihn glückstrahlend an.

»Iras!« Er wollte sie vor Freude umarmen, doch ließ er plötzlich seine Arme sinken. »Wie hast du das gemacht?« wunderte er sich und setzte sich neben sie in den heißen Sand.

»Eben so«, gab sie immer noch lächelnd zur Antwort.

»Das ist doch ganz unmöglich! Das hat noch keiner von uns geschafft.«

»Schwimm zurück und paß gut auf.«

Immer noch kopfschüttelnd schwamm Pedro ans andere Ufer. Als er drüben angekommen war, glitt Iras abermals ins Wasser. Ihr war nicht anzumerken, daß sie tief Luft holte, und der Fluß nahm sie auf, ohne die kleinste Welle zu schlagen.

Pedro war es, als wäre sie für immer verschwunden. Die Zeit schien stillzustehen. Das Wasser zog dahin, als wären weder Fische noch ein Mensch in ihm. Die Natur hielt gleichsam den Atem an: kein Vogel rief, nicht einmal die Grillen zirpten.

Da hielt es Pedro nicht mehr länger aus. Er wollte in den Fluß springen und tauchend nach der Stiefschwester suchen. Er wagte gar nicht, an einen Unfall zu denken. Es gab zwar an dieser Stelle wenig Piranhas und ganz selten Krokodile, doch konnte sie an einem gesunkenen Baumstamm hängengeblieben sein.

Noch ehe er seinen Entschluß ausführen konnte, sah er, wie vor ihm plötzlich ein Schatten durchs Wasser strich. Er war so dunkel wie ein altes Krokodil, jedoch viel kleiner, und hatte Arme und Beine. Iras steckte ihren Kopf aus dem Wasser, holte tief Luft und lachte, als hätte sie sich überhaupt nicht angestrengt.

»Jetzt sag ich nichts mehr!« rief Pedro, ergriff ihre rechte Hand und half ihr aus dem Wasser.

»Glaubst du es nun?« fragte sie mit großen, strahlenden Augen.

»Du hast es ja zweimal bewiesen. Das muß ich gleich den anderen erzählen. Die werden staunen!«

»Bitte, nein«, hielt sie ihn rasch zurück. »Ich will es nicht, Pedro.«

»Warum nicht?«

»Nicht jetzt, Pedro.«

»Später?«

»Ich weiß es nicht. Sage nichts, Pedro. Es genügt doch, daß du es weißt.«

»Ja, das genügt«, gab er nachdenklich zu, obwohl er immer noch nicht wußte, weshalb sie ihr Können verheimlichen wollte.

Sie zog ihr Leinenkleid an, erfaßte seine Hand und ging neben ihm her den Hang hinauf.

»Ich habe wieder einen Bruder!« flüsterte sie und hüpfte vor Freude. Und dann sang sie immerzu: »Ich habe einen Bruder, einen richtigen großen Bruder!«

Pedro hüpfte mit. Er konnte es nicht ganz so gut wie sie, doch hüpften sie bis vors Haus.

EIN LEBEN FÜR DEN SERTÃO, ein Leben voller Armut und Anspruchslosigkeit führte Francisco Alfieri. In der Wildnis geboren und ohne Schule aufgewachsen, konnte er zwar gut reiten und schießen, aber weder rechnen, lesen noch schreiben. Bereits als Kind mußte er arbeiten, um die Eltern zu unterstützen.

Sein Großvater, ein Italiener, ging nach Brasilien, um schnell reich zu werden. Damals gab es noch viele Möglichkeiten, in diesem Land sein Glück zu machen. Aber der Großvater Alfieri hatte die Sache wohl falsch angefaßt, denn der Reichtum blieb aus. Sein Sohn wurde ein Caboclo, ein Bewohner des Interiors, des Landesinneren, und dessen Sohn war auch nie auf den Gedanken gekommen, etwas anderes zu werden.

Francisco Alfieri blieb ein Caboclo, ein stolzer Sertanejo. Worauf die Sertanejos stolz waren, wußten sie selber nicht. Vielleicht waren sie es gar nicht, und sie sahen nur so aus, wenn sie auf ihren Pferden saßen und angesprengt kamen, daß der Staub aufwirbelte und die Fußgänger ängstlich zur Seite sprangen.

Ohne auf Abenteuer auszusein, hatte Francisco allerlei versucht: Am mittleren Amazonas war er Gummisucher gewesen, in Minas Gerais hatte er Edelsteine gefunden, im Hinterland von Bahia Kakao angebaut, und wenn er nichts Besseres wußte, suchte er Edelhölzer und mit Ingenieuren Petroleum.

Einmal war er beim Eisenbahnbau beschäftigt. Da starben die Arbeiter wie die Fliegen. Sie gingen zu Tausenden an Malaria und Schlangenbissen zugrunde, und der Bahnbau mußte aufgegeben werden.

Ein andermal lag er auf einer Sandbank des Rio Madeira, hatte ein Kanu mit kostbaren Kautschukballen bei sich und war nahe daran, eine Menge Geld zu verdienen. Da setzte ein Wolkenbruch ein; der Fluß wurde zum reißenden Strom und führte gewaltige Baumriesen mit sich. Sein Kanu kenterte, und der Gewinn wochenlanger Arbeit und Mühen versank in den Fluten; er selbst rettete sich mit knapper Not ans Ufer.

Francisco hatte viel erlebt, doch sprach er nicht darüber. Es hatte keinen Zweck, diese alten Geschichten aufzuwärmen. Was geschehen war, konnte sich täglich wiederholen. Es war ja alles gut, wenn das Leben weiterging.

Das Reiten war seine größte Freude. Seit er den Schimmel besaß, blieb er selten daheim. Jetzt galt er als der schnellste Bote im Dorf. Wer eine Botschaft zum Fluß hinüberzubringen hatte, beauftragte ihn damit, und er konnte reiten, als flöge er vor dem Winde her.

»Treibe es nicht zu toll«, warnte ihn der Präfekt. »Wenn dein

Schimmel stürzt, brichst du dir das Genick. Wir möchten dich nicht auf diese Weise verlieren.«

Francisco lachte nur, ohne sich um die Warnung zu kümmern. Er ritt zu seinem Vergnügen und für bares Geld. Der Schimmel brachte mehr ein als der mühsame Maisanbau. Außerdem konnte er jetzt seine Jagdstreifen erweitern und in entlegenen Gegenden sein Glück versuchen.

Eines Tages rief Ricardo ihm bereits von weitem entgegen: »Schnalle die Sporen an, amigo! Ich habe eine ganz große Sache!«

»Brauchst du ein Dutzend Brüllaffen?« fragte Francisco neugierig.

»Viel mehr! Der Zoo von Belém hat mir geschrieben. Er braucht für einen anderen Zoo dringend einen Tapir.«

»Lebend?«

»Tot wird er ihm nichts nützen. Also her mit dem Tapir! Ich habe schon einen Plan.«

»Auf den bin ich gespannt«, gab Francisco lächelnd zurück.

»Wenn wir ihn haben . . .«

»Augenblick mal: Wie willst du ihn fangen?«

»Das wird nicht so schwierig sein wie der Transport. Einen Tapir kannst du nicht an der Leine durch den Busch führen. Wir bauen für ihn ein Floß.«

»Wo gedenkst du einen aufzutreiben?«

»Zwischen Felicidade und dem Tocantins gibt es keine mehr. Wie es drüben am Tocantins aussieht, weiß ich nicht, doch haben die dortigen Jäger wahrscheinlich ebenfalls ganze Arbeit geleistet. Wir müssen also bei uns flußauf gehen.«

»Da nützt uns ein Floß nichts.«

»Es muß schwimmen! Wir werden alle Hindernisse aus dem Wege räumen.«

»Bringt ein Tapir so viel ein?« zweifelte Francisco.

»Du wirst zufrieden sein. Was wir bekommen, wird natürlich geteilt. Die Hauptsache ist, wir bringen ihn unbeschadet nach Carolina.«

»Dann laß uns morgen in aller Frühe reiten. Wir nehmen Pedro mit. Haben wir den Tapir, dann fahren zwei mit dem Floß, während der dritte mit den Pferden heimreitet.«

Ricardo nickte und rieb sich vergnügt die Hände.

Bevor die Sonne am nächsten Morgen aufging, saßen sie in den Sätteln. Sie nahmen wenig Mundvorrat mit, auch ließen sie die Hängematten daheim. Dafür trug jeder ein Gewehr, Buschmesser, Lasso und eine Axt.

Pedro ritt ein kleines braunes Pferd, Ricardo eine hochbeinige Mula. Francisco saß natürlich auf seinem Schimmel.

Sie ritten den ganzen Tag und lagerten unweit einer Stelle, wo Ricardo Tapire vermutete. An diesem Abend konnten sie nichts mehr unternehmen, und sie warteten den Morgen ab. Da blieb Pedro bei den Tieren, während die beiden Männer den schmalen Fluß aufsuchten. Das Gebüsch war so dicht, daß sie ihre Buschmesser gebrauchen mußten. Hier war der Dschungel noch unberührt.

»Ich bin dafür, daß einer auf die andere Seite geht«, meinte Francisco, als sie am Ufer standen.

Ricardo überlegte nicht lange, watete durchs Wasser und erstieg, drüben angekommen, das steile Ufer. Auf beiden Seiten war es unmöglich, am Strand entlangzugehen. Immer wieder ragten dichte Büsche bis ins Wasser hinein und bildeten undurchdringliche grüne Mauern.

Tapire sind dickhäutige Gesellen und brauchen Platz. Wo sie gegangen waren, kam in den meisten Fällen auch ein Jäger durch. Francisco und Ricardo brauchten durchaus nicht ihre Fährte am Fluß zu finden; sie erkannten sie bereits im Dickicht oder noch viel besser auf offenen, morastigen Stellen. Ganz deutlich waren ihre Spuren dort zu sehen, wo sie das Wasser aufgesucht oder verlassen hatten. Es gab viele Möglichkeiten, sie aufzuspüren.

Tapire gehören zu den harmlosesten Tieren der brasilianischen Wildnis. Sie sind so unbekümmert, daß nicht viel dazu gehört, sie zur Strecke zu bringen. Ausgewachsene Tapire können zwei Meter lang und anderthalb Meter hoch werden. Sie sind urwüchsige, an Elefanten erinnernde Dickhäuter, zumal sie einen kleinen, außerordentlich beweglichen Rüssel haben.

Ihr schlimmster Feind ist, außer dem Menschen, der Jaguar. Er springt sie von oben herab an und verkrallt sich auf ihrem Rükken. Sie aber rasen dann durch das dichteste Unterholz und streifen ihn oft genug dabei ab. Sind sie in die Enge getrieben, greifen sie an und versuchen, den Gegner niederzutrampeln.

Da ihr Fleisch sehr wohlschmeckend ist, stellen ihnen Jäger und Indianer nach. Nur der dichte Urwald hat sie vor dem Aussterben bewahrt. In der Nähe von Siedlungen sind sie kaum noch anzutreffen, denn dort werden sie obendrein noch gejagt, weil sie in den Pflanzungen erheblichen Schaden anrichten. Da sie Pflanzenfresser sind, ist ihnen ein Maisfeld die leckerste Weide.

Tagsüber ruhen die Tapire. Am Abend aber werden sie munter. Dann gehen sie auf Nahrungssuche und durchschwimmen auch breite Flüsse. Sie sind hervorragende Schwimmer und gute Taucher. Sobald ihnen Gefahr droht, sind sie von der Wasseroberfläche verschwunden, um weit entfernt für einen kurzen Augenblick wieder aufzutauchen.

Wer ihnen auflauern will, muß sie im Morgengrauen beschleichen. Zu dieser Zeit sind sie bestimmt noch einmal am Wasser anzutreffen. Tagsüber verbergen sie sich im dichten Mato, im Unterholz des Urwaldes, oder sie liegen versteckt im Wasser, um sich vor den Mücken und anderen Insekten zu schützen. —

Es war also keine große Sache, einen Tapir aufzuspüren. Schwieriger war es, ihn lebend zu fangen und ihn am Leben zu erhalten. Weder Ricardo nach Francisco wußten, wie sie das anstellen sollten.

Francisco verließ das Flußufer und umging das dichteste Buschwerk. Er fand überall eine Stelle, wo er durchschlüpfen konnte. Vorerst brauchte er sich nicht in acht zu nehmen. Ein wenig Unruhe vertrieb die Schlangen und großen Katzen. Jetzt lag ihm nichts daran, Waldhühner oder vierfüßiges Wild zu überraschen, weil ein Schuß die Tapire gewarnt und vergrämt hätte.

Wildtauben gurrten und flogen auf. Leguane flohen durchs Laub. Ein großer blauer Falter gaukelte eine Zeitlang vor ihm her, als wolle er ihn necken.

Von Tapiren und Wildschweinen war keine Spur zu sehen. Im Gegensatz zu den Tapiren treten die Wildschweine in großen Rudeln auf. Sie sind klein und angriffslustig und gehen selbst den Jaguar an.

Viel harmloser als sie sind die Capivari, die Wasserschweine, die sich wie die Tapire gern im und am Wasser aufhalten und nur allzuleicht dem Jäger zur Beute fallen.

Francisco hatte heute nur einen Blick für die Anta, wie er den Tapir nannte. Er mußte sie eher als Ricardo finden.

Keiner vermochte zu entscheiden, wer von ihnen der Bessere war. Jeder hatte oft genug bewiesen, daß er ein Gewehr zu führen verstand. Vielleicht war Ricardo im Einfangen lebender Tiere Francisco überlegen, denn Francisco lag daran, Fleisch zu beschaffen. Nur mit Papageien und kleinen Affen machte er eine Ausnahme. Die fing auch er lebend.

Plötzlich lichtete sich vor Francisco der Urwald. Drei Meter hohes Schilf versperrte ihm den Weg. Er pfiff durch die Zähne, weil er hier mit Tapiren rechnen konnte. Es war nicht ratsam, in das Schilf einzudringen und womöglich auf einen Trampelpfad dieser urigen Tiere zu stoßen. Dann wären sie gewarnt worden und hätten einen anderen Weg genommen.

Vorsichtig ging er am Rand des Schilfes entlang, bis er zum Wasser kam. Da sah er eine stille Bucht des Flusses vor sich liegen, und auf dem Wasser, klein und scheinbar harmlos, schwammen runde Kugeln: die Augen und Nasen junger Kaimane. Wer hier ins Wasser ging, hörte auf zu leben. Nur die Anta schien mit den gefährlichen Echsen einen Freundschaftsvertrag abgeschlossen zu haben. Sie durchschwamm jedes Gewässer, ohne sich um die lauernden Kaimane zu kümmern.

Francisco stutzte, sah scharf ans andere Ufer der Bucht und entdeckte dort zwei Lontras, brasilianische Fischotter. Sie spielten miteinander und schienen sich in größter Sicherheit zu wiegen. Er mußte sich gewaltig zusammennehmen, um ihnen nicht eine

Schrotladung aufzubrennen, denn für Lontrafelle zahlten die Kaufleute gute Preise.

Im Augenblick war eine Anta jedoch wichtiger. Francisco setzte die Suche fort und blieb am Rande des Schilfbestandes, der sich um die ganze Bucht herum erstreckte. Am einen Ende der Bucht schob sich eine langgestreckte Sandbank in den Fluß hinein. Zwei Schwarzhalsstörche stolzierten soeben über sie hinweg, und auf dem auslaufenden Streifen der Sandbank schien eine Anzahl Möwen zu brüten. Sie waren als weiße Tupfen zu erkennen.

Aufmerksam verfolgte Francisco die vielen Spuren im Sand. Ganz deutlich waren die gewundenen Linien der Kaimane zu erkennen, die sie mit ihrem spitzen Schwanzende hinterließen. Ganz anders verliefen die Spuren der Schildkröten, die um diese Zeit bereits ihre Eier legten. Dann gab es noch Trittsiegel großer Stelzvögel und winzige Fährten flinker Vierfüßler. Von einem Jaguar war nichts zu sehen. Aber dort, deutlich zu erkennen, sah Francisco die unverwechselbaren dreizehigen Eindrücke mehrerer Antas. Hier hatten die Tapire einen Pfad angelegt, den sie wahrscheinlich täglich benutzten. Etliche der Fährten waren noch ganz frisch. Der Sertanejo hatte genug gesehen. Um selbst keine unnötige Spur zu hinterlassen, ging er im flachen Wasser an der Sandbank entlang. An ihrem Ende, dort wo die Möwen brüteten und ihn aufgeregt schreiend umflogen, stieß er seinen Jagdruf aus. Zweimal mußte er rufen, bevor Ricardo antwortete. Bald danach trat der Gefährte jenseits des Flusses an das steile Ufer. Als er sah, daß Francisco auf ihn wartete, watete er herüber.

»Das ist eine günstige Stelle!« rief er triumphierend, als er die Fährte in Augenschein genommen hatte. »Daß hier zwei Tiere täglich durchs Wasser wechseln, ist ganz klar. Merkwürdigerweise sind die Eindrücke gleich groß. Wenn nicht alles täuscht, handelt es sich um einen Bullen und ein jüngeres weibliches Tier. Die Eindrücke eines Bullen pflegen etwas zierlicher zu sein als die des Weibchens. Ich bin dafür, daß wir in diesem Fall den Bullen laufen lassen. Wir fangen die weibliche Anta, die uns nicht allzu große Umstände bereiten wird.«

»Und wie willst du sie fangen?«

»Mit dem Lasso. Da wir zu dritt sind, können wir sie leicht in die Enge treiben.«

»Dann schlage ich vor, daß wir die Nacht am anderen Ende der Bucht verbringen. Dort können uns die Tiere nicht sehen, während wir sie sofort bemerken, wenn sie durchs Wasser kommen.«

Ricardo war damit einverstanden.

Ohne Zwischenfall verlief die Nacht. Die drei Jäger lagerten am Feuer und schliefen, obwohl es in der Nähe viele Kaimane gab, die in der Dunkelheit über die Sandbank schlurften. Vor mehreren Jahren war es geschehen, daß einem Mann bei einer solchen Gelegenheit ein Fuß abgebissen worden war. Wahrscheinlich hatte er das Feuer abbrennen lassen oder hatte gar zu nahe am Wasser gelegen.

Spät in der Nacht waren größere Tiere ins Wasser gegangen. Zwar kann ein Capivara lärmen wie eine Anta, aber die Jäger glaubten, die Tapire gehört zu haben.

Es war noch finster, als Francisco die Schlafenden weckte. »Ich habe einen Vorschlag«, sagte er und stocherte mit einem Streichholz in seinen Zähnen. »Ihr folgt dem Trampelpfad und legt euch im Schilf auf die Lauer. Ich warte, bis die beiden Tapire die Sandbank erreicht haben. Dann verlasse ich mich auf die Schnelligkeit meines Pferdes und verriegele ihnen den Weg. Wenn der Lasso sofort richtig sitzt, haben wir das Spiel gewonnen.«

»Wenn nicht, dann rennen uns die wild gewordenen Teufel um«, versetzte Ricardo. »Mit etwas Glück ist die Sache sehr einfach.«

»Jetzt ist es Zeit, daß ihr eure Posten bezieht. Wenn ihr etwas hört, dann eilt mir zu Hilfe. Allein werde ich mit einer Anta kaum fertig werden.«

Während Ricardo und Pedro in der Dunkelheit verschwanden, sattelte Francisco sein Pferd. Der Schimmel war ausgeruht und in bester Verfassung.

Gespannt blickte der Mann auf den Fluß hinaus. Überm Wald kam ein heller Streifen auf. Die Brüllaffen randalierten, und die

Vögel erwachten. Allerorts setzten die Stimmen der Urwaldbewohner ein.

Rasch nahm der östliche Himmel eine rötliche Färbung an. Die Möwen stiegen von ihren Nestern auf und stießen kreischend durch die Luft.

Verborgen hinter einer Bodenwelle stand der Schimmel bereit. Francisco lag am Hang und lugte darüber hinweg.

Nichts Auffallendes war zu sehen. Ihn fröstelte. Vier Papageien flogen über den Wald. Von der Bucht herüber erklang plätscherndes Geräusch. Das konnten die jungen Kaimane verursacht haben.

Aber jetzt brachen größere Tiere jenseits des Flusses durchs Gehölz. Ein Tapir ließ sich sehen und ging zum Wasser. Ihm folgte ein zweiter. Sorglos trotteten sie in den Fluß hinein.

Inzwischen war es so hell geworden, daß Francisco die Größe der Tiere feststellen konnte. Er vermutete in dem hinteren den Bullen. Für ihn galt es also, das zuerst an Land gehende einzufangen. Das war gar nicht einfach. Wenn er mit seinem Pferd auftauchte, warf es sich zweifellos herum und versuchte im Wasser zu entkommen. Außerdem lief er Gefahr, von dem Bullen angefallen zu werden. Trotzdem galt es, im nächsten Augenblick zu handeln.

Lautlos bestieg er den Schimmel. In den Steigbügeln stehend, war es ihm möglich, die beiden Tapire zu beobachten. Der erste hatte die Sandbank erreicht.

Francisco legte den Lasso in Schlingen und knotete das Ende am Sattel fest. Dann ritt er um die Bodenwelle herum, gab dem Pferd die Richtung an und gleichzeitig auch die Sporen. Findling gehorchte auf den ersten Schenkeldruck. In seiner ganzen Schnelligkeit flog er über den Sand und auf den Tapir zu, der vor Schreck stehengeblieben war. Die Überraschung dauerte kaum eine Sekunde. Sie genügte jedoch, um den Lasso blitzschnell anzubringen. Die Schlinge sauste durch die Luft, fiel über den Kopf des Tieres und zog sich fest.

Im gleichen Augenblick hielt Francisco den Schimmel an. Er hätte sonst der Anta das Genick gebrochen. Sein Augenmerk galt jetzt dem Bullen, der jedoch angstgepeitscht die Flucht ergriff und am jenseitigen Ufer verschwand.

Das gefangene Tier gab sich nicht verloren. Es wehrte sich und versuchte auf die Beine zu kommen. Der Jäger hielt es nieder, indem er im Schritt weiterritt. Dadurch wurde es langsam über den Sand geschleift.

Laut schreiend brachen Ricardo und Pedro aus dem Schilf hervor. Sie schwangen ihre Lassos und stürzten sich auf die Anta, die bald gut verschnürt wie ein Bündel am Boden lag.

»Das war der beste Wurf deines Lebens«, lobte Ricardo den Freund. »Es ist tatsächlich eine junge Anta, die man uns gut bezahlen wird. Nun los, amigos, und eine Kiste gebaut, damit wir das Tierchen gut unterbringen können. Ihr schlagt das Holz dazu, und ich drehe inzwischen die Weiden.«

EINE FLOSSFAHRT war für alle Sertanejos ein großes Vergnügen. Wer selbst kein Kanu besaß, brauchte nur ein Floß zu bauen, um die weitesten Reisen antreten zu können. Ein Floß kostete nichts und war ein sicheres und bequemes Beförderungsmittel. Zu seiner Herstellung wurden allerdings Hölzer und Palmrippen gebraucht, die nicht überall zu finden waren.

Für die drei Jäger war es eine Kleinigkeit, aus Rundhölzern und Lianen eine Kiste zu bauen, die einem großen Käfig glich. Bereits um die Mittagszeit konnte der gefangene Tapir entfesselt und in sein kleines Gefängnis gesteckt werden. Seltsamerweise versuchte er keinen Ausbruch. Am Nachmittag nahm er bereits das erste Futter an.

Die drei gingen abermals in den Wald, um für ein Floß das geeignete Baumaterial zu suchen. Am Abend hatten sie eine Menge zusammengetragen. Es reichte jedoch noch lange nicht. Auch der nächste Tag verging auf diese Weise.

Pedro mußte außerdem Koch und Jäger sein. Er schoß einen Mutún, ein großes schwarzes Waldhuhn, und am Abend ein junges Wildschwein.

Nach zweitägigem Bau war das Floß fertig. Die gefangene Anta benahm sich so, als wäre sie ihr Leben lang in einem Käfig gewesen. Sie ließ sich sogar anfassen und schien darauf zu warten, frisches Futter zu bekommen. Die Männer hatten schnell herausgefunden, welche Gräser und Blätter sie bevorzugte. Fast sah es so aus, als würde sie auch außerhalb ihres Gefängnisses bei den Jägern bleiben.

»Wir lassen uns nicht täuschen«, meinte Ricardo. »Sie steht so eingeengt in der Kiste, daß sie keine Möglichkeit hat, gegen die Wände anzurennen. Eigentlich können Tapire sehr zahm werden. Als ich im Zoo beschäftigt war, benahmen sich die dortigen Antas wie anhängliche Hunde. Wenn der Weg nach Carolina nicht zu weit wäre, würde ich unsere Anta in wenigen Tagen so weit haben, daß wir sie an der Leine durch den Sertão führen könnten.«

Das Floß sah aus wie eine Palmblätterhütte. Vorne besaß es in Gabeln eingelassene Ruder, die der schnelleren Fortbewegung und der Steuerung dienten. In seiner Mitte stand die Kiste mit dem Tapir.

Während die beiden Männer die Flußfahrt antraten, ritt Pedro mit den Pferden und dem Maulesel durch den Sertão heimwärts. Er hätte zwar selber gern die Floßfahrt mitgemacht, doch freute er sich, endlich wieder einmal Findling reiten zu können. Außerdem hatte ihm der Vater versprochen, daß er von Felicidade aus die Floßfahrt nach Carolina mitmachen dürfe.

Oberhalb von Felicidade galt dieser schmale Fluß als unbefahrbar. Große Steinblöcke verengten die Fahrtrinne, umgestürzte Bäume bildeten unüberwindliche Hindernisse, und breite Sandbänke schoben sich von der einen Seite bis fast zur anderen. Da es auf dieser Strecke keine Siedlungen gab, war bisher kein Caboclo auf den Gedanken gekommen, ihn mit einem Kanu oder Floß zu befahren.

Die beiden Sertanejos hatten die Sandbank kaum verlassen, als sie schon auf das erste Hindernis stießen. Es war ein Gefälle mit Steinen sämtlicher Größen. Sie mußten anlegen, die Stromschnellen untersuchen, Steine wegräumen und an dem Floß schieben und wuchten, bis es weitertrieb.

In einer scharfen Krümmung lagen sie schon wieder fest und mußten eine Baumsperre beseitigen. Gleich danach liefen sie auf einer Sandbank auf. So ging es fort, und die beiden Männer kamen kaum aus dem Wasser heraus.

Krokodile, Piranhas, Stachelrochen, Zitteraale und Wasserschlangen gab es nur dort, wo das Wasser tief genug war und träge floß. Sie konnten ihnen also kaum etwas anhaben. Die einzige Gefahr bestand darin, daß in den Stromschnellen das Floß auseinanderriß und die Kiste mit dem Tapir verlorenging.

Gefährlich wurden auch die auf den Fluß hinausragenden Äste. Es war mitunter unmöglich, vor einem solchen Hindernis das Floß zum Stehen zu bringen. Dann galt es, blitzschnell zu handeln, die Zweige hochzudrücken oder zu rudern, daß die Muskeln schmerzten.

»Wahrscheinlich wäre es einfacher gewesen, die Anta zu zähmen und an die Leine zu nehmen«, seufzte Francisco, als sie sich neben der Kiste in ihre Decken wickelten. Sie blieben die Nacht über auf dem Floß.

»Das ist wirklich zu überlegen«, antwortete Ricardo. »Mit jungen Elefanten soll man es so gemacht haben. Eine Schwierigkeit liegt vielleicht darin, daß Tapire Nachttiere sind und die Sonne meiden.«

Tatsächlich wurde die gefangene Anta am Abend unruhig. Sie drängte ins Freie und stieß an die Kistenwände. Dadurch wurden die Männer um ihren wohlverdienten Schlaf gebracht.

So vergingen drei Nächte und drei Tage auf dieser Fahrt.

Als das Floß Felicidade erreichte, waren die Männer entkräftet und die Anta so steif in den Gliedern, daß sie gar nicht mehr aufstehen wollte. Mehrere Männer hoben die Kiste an Land. Ein Pferdekarren wurde herbeigeschafft, und bald danach befand sich die Anta in einer stallähnlichen Hütte. Ihre Wildheit hatte sich gelegt, als habe sie sich mit ihrer veränderten Umwelt abgefunden.

Pedro blieb als Wächter bei ihr. Damit sie wieder zu Kräften kam, fütterte er sie mit Mais. Dadurch gewann er allmählich ihr Vertrauen. Wenn er den Raum betrat, kam sie ihm erwartungsvoll entgegen. Jedesmal brachte er ihr etwas mit, und von Tag zu Tag wurde das Verhältnis zwischen ihnen freundlicher.

Heimlich gewöhnte er sie an einen Strick. Er führte sie so lange in der Hütte umher, bis er es wagen konnte, mit ihr ins Freie zu gehen. Die Leute staunten, als er mit ihr durchs Dorf ging, als wäre sie ein großer Hund. Francisco blieb sprachlos stehen, weil er befürchtete, sie noch einmal einfangen zu müssen, aber Ricardo lachte hellauf.

»So hätten wir es machen müssen!« rief er Francisco zu. »Und wenn die Anta ein Nachttier ist, dann wären wir eben nachts gelaufen und hätten auf den Mondschein gewartet. Das nächste Mal wissen wir Bescheid.«

»Mit einem älteren Bullen wäre es nicht gegangen«, meinte Francisco.

Mit dieser Anta ging es jedenfalls ausgezeichnet, und niemand dachte mehr daran, das Tier in eine Kiste zu stecken. Für die Weiterfahrt nach Carolina wurde das Floß mit einer festen Umzäunung versehen und das Dach aus Palmblättern ausgebessert. Der leere Käfig fand vorn auf dem Floß Platz.

Ricardo sollte mit Pedro die Fahrt antreten. Für Pedro war es das erste Mal, daß er Felicidade verließ, um eine richtige Stadt zu sehen. Die Mutter hatte ihm einen Pappkarton mitgegeben, in dem sich ein weißes Hemd und eine fast neue Hose befanden, damit er sauber gekleidet durch die Straßen gehen konnte. Ricardo nahm obendrein eine helle Jacke, einen bunten Schlips und braune Schuhe mit.

Manchmal kehrte Ricardo den feinen Mann heraus. Dann putzte er mit einer Bürste die Zähne. Pedro nahm ein Holzstäbchen dazu, was ebenfalls seinen Zweck erfüllte. Unterschiedlich waren auch ihre Hüte. Pedro trug den breitrandigen Hut aus Stroh, aber Ricardo setzte einen auf, wie ihn die Stadtleute trugen.

Die Eltern hatten nicht daran gedacht, ihrem Jungen etwas Geld mitzugeben, und auch Pedro hatte von seinem Ersparten nichts eingepackt. Erst unterwegs fiel ihm das ein. Ricardo sagte jedoch beruhigend: »Unterwegs fangen wir Fische. Die verkaufst du im Hafen, dann hast du Geld zum Leben. Schlafen kannst du auf dem Floß.«

»Und wie kommen wir wieder heim?«

»Eine Gelegenheit bietet sich immer. Wir fahren mit einem Boot den Tocantins hoch und laufen dann nach Felicidade.«

»Ohne Geld?«

»Fast ohne Geld.«

Da fragte Pedro nicht mehr.

Eigentlich hatte er sich diese Reise schwieriger vorgestellt. Sie trieben mit der Strömung und brauchten das Floß nur ein wenig zu lenken. Auf die Geschwindigkeit kam es ihnen überhaupt nicht an. Ricardo meinte, auch der Anta wäre es gleich, ob sie fünf oder sechs Tage führen. »Und wenn wir acht Tage dazu brauchen, dreht sich die Erde trotzdem weiter«, sagte er zuversichtlich. »Willst du noch mehr als ein Dach über dem Kopf und eine Unmenge Fische unter dir? Du kannst also weder verbrennen noch verhungern. Meinetwegen kann es bis Belém so weitergehen.«

»So fahren wir nach Belém!«

»Du vergißt, daß die Zooleute auf unseren Tapir warten. Ein Motorboot schafft die Strecke in einigen Tagen, wir aber würden mehrere Wochen dazu brauchen.«

»So weit ist es bis dorthin?«

»Für uns schon, weil wir mehrmals am Tag anlegen müssen, um Futter zu beschaffen. Außerdem saugt sich das Floß so voll, daß es nach acht Tagen nicht mehr aus dem Wasser guckt.«

»Bist du schon einmal in Belém gewesen?«

»Nicht nur einmal«, erwiderte Ricardo, während er sich aus Tabak und einem Maisblatt eine Zigarette drehte. »Das ist eine Stadt, wie sie im Buche steht.«

»Wo steht sie?« fragte Pedro treuherzig.

»Ach so, du hast ja noch kein Buch gelesen. Da gibt es Häuser, neben denen wirkt eine Kokospalme so klein wie — wie eine Henne neben der Präfektur.«

Pedro lachte wie über einen guten Witz.

»Du glaubst mir nicht. Ich habe Schiffe gesehen, die laden unser ganzes Dorf in ihren Bauch, und zwar mit Menschen, Vieh und Häusern.«

»Du lügst.«

»Wenn du Carolina sehen wirst, werden dir die Augen übergehen, und dabei ist es nur ein ganz kleines Nest, das auf den meisten Landkarten überhaupt nicht zu finden ist.«

»Der Präfekt besitzt eine Landkarte.«

»Und was für eine! Auf ihr findest du Straßen, die es erst in fünfzig Jahren geben wird. Nach ihr existieren weder wir, noch gibt es diese ganze Gegend. Aber vielleicht nehme ich dich später einmal mit nach Belém.«

»Und was soll ich dort?«

»Das frage ich mich auch. Bleib lieber in Felicidade. Bei uns ist das Leben ruhiger als in der großen Stadt.«

»Meinetwegen braucht es nicht so ruhig zu sein«, meinte Pedro.

»Da hast du auch wieder recht«, gab Ricardo nachdenklich zu, während er ein brennendes Streichholz an die bereits mehrmals erloschene Zigarette hielt. »Die Jugend will nicht ruhig leben. Ihr gehört der Fortschritt. Aber weißt du, was dazu notwendig ist? Schule, Schule und noch mal Schule! Ohne Schule gehst du in der Stadt vor die Hunde. Die Großstadt ist wie ein gefräßiges Tier. Als Mensch gehst du hin, und als erbärmliches Elendsbündel bleibst du dort liegen. Nur wenn du gescheit bist und etwas kannst, gehst du in der großen Stadt nicht zugrunde.«

»Bin ich denn dumm?« wunderte sich Pedro.

»Dumm ist gar kein Ausdruck dafür. Glaubst du, daß du in einer Stadt reiten und schießen darfst? Und etwas anderes kannst du doch nicht. Es wird höchste Zeit, daß wir wieder einen Lehrer ins Dorf bekommen. Und diesmal wird es anders, das verspreche ich dir. Wer sich jetzt noch drückt und nicht lernen will, bekommt von mir die Reitpeitsche um die Ohren geschlagen, bis er seine Dummheit eingesehen hat und zum fleißigsten Schüler wird.«

»Was hast du davon?« fragte Pedro in grenzenloser Verwunderung, weil er Ricardo von dieser Seite noch nicht kennengelernt hatte.

»Nichts, weil keiner danke sagen wird.«

»Bist du gescheit?« wollte der Junge wissen.

»Wenn du gescheit bist, dann holst du schnellstens das nach, was du bis jetzt versäumt hast. Und wenn du etwas gelernt hast, werde ich dir beweisen, daß ich nicht dumm bin.«

»Was könnte dann aus mir werden?«

»Vielleicht ein Präfekt.«

Pedro sah den Gefährten an, als habe der einen Sonnenstich bekommen. War denn jemals ein Caboclojunge Präfekt geworden? Ein Präfekt war nicht nur das Oberhaupt eines Dorfes, sondern der gewaltigste Mann im ganzen Bezirk! Um Felicidade herum gab es freilich nur wenige Siedler, die ihm unterstanden.

Ricardo hatte den Zigarettenstummel ins Wasser geworfen und ruderte ein wenig, um das Floß in der Fahrtrinne zu halten. Sie war ganz deutlich an der dunklen Färbung des Wassers zu erkennen. Helles Wasser verriet Sandbänke, die mitunter so breit waren, daß für das Floß nur ein schmaler Durchschlupf blieb.

Das Fahrzeug war in Felicidade ausgebessert und mit einer neuen Lage Palmrippen versehen worden. Die Anta fühlte sich wohl auf ihm. Sie rannte nicht mehr gegen die Umzäunung an und war überhaupt ein gutmütiges und anhängliches Tier geworden.

Als die Nacht anbrach, ließ Ricardo das Floß treiben, und beide schliefen neben der Anta. Das Tier war ruhig und verdöste einen Teil der Nacht. Allmählich paßte es sich der Gefangenschaft und den Menschen immer mehr an. Das Eingesperrtsein spürte es nicht so sehr, weil es genügend Futter bekam.

In der Nacht blieb das Floß mehrmals an Büschen hängen. Dann stand einer von ihnen auf und machte es wieder flott.

Erst am Morgen begegneten sie einem Hindernis. Der Fluß fiel vor ihnen so ab, daß sie seinen Lauf nicht mehr erkennen konnten. Dort brauste das Wasser über glattgeschliffene Steine und ergoß sich in einen schmalen, langen See.

Ricardo behielt seine Ruhe. Er kannte den Fluß und wußte genau, wo er das Floß zu halten hatte. Jetzt wurde es wie von Geisterhänden gepackt und in flotter Fahrt den Stromschnellen zugetragen.

»Gib acht und rudere aus Leibeskräften!« rief Ricardo dem Jungen zu.

Das Floß schoß in das Gefälle, übersprang mehrere Steine und blieb plötzlich hängen. Langsam drehte es sich. Ricardo hatte das Ruder aus der Gabel gerissen und stakte, um von dem Stein loszukommen.

Plötzlich vernahmen sie durch das Rauschen des Wassers ein verdächtiges Knacken. Das Floß riß auseinander! »Heilige Mutter Gottes!« flehte Pedro und stakte ebenfalls mit aller Kraft.

Vorne klaffte das Floß bereits auseinander. Mehrere Verbindungen waren gerissen. Wenn noch einige brachen, fiel der Tapir ins Wasser, wahrscheinlich würden auch Ricardo und er folgen. Aber daran dachte Pedro nicht.

Immer noch drehte sich das Floß. Plötzlich gab es einen Ruck. Der Tapir ging in die Knie, Pedro stürzte hin und sprang wieder auf. Ricardo warf sich nieder und hielt mit beiden Händen die losgerissenen Floßteile zusammen. Zwei Wellen überfluteten ihn, aber das Floß schwamm und schoß das Gefälle hinab und über Steine hinweg, daß es durchgeschüttelt wurde und in allen Teilen krachte. Dann trieb es auf den stillen See hinaus.

Es sah aus wie ein Wrack, hatte ein schiefstehendes Dach und einen Boden, der aus ebenso vielen Lücken wie Palmrippen bestand. Ricardo flickte den Schaden notdürftig zusammen. Dann ruderten sie an eine Sandbank und blieben dort über Nacht. Es war nicht einfach, neue Verbindungen herzustellen und das Fahrzeug so fest zu fügen, wie es vorher gewesen war. Ricardo und Pedro mußten mehrmals tauchen, um den Schaden auch von unten auszubessern. Sie waren jedoch frohen Mutes, weil sie ihre Anta nicht verloren hatten.

DER ERSTE REGEN setzte zusammen mit einem heftigen Sturm ein. Die fünfmonatige Trockenheit war zu Ende. Seit etlichen Tagen schon waren graue Wolken über den Himmel hinweggezogen, und Gewitter hatten am Horizont gestanden, ohne sich zu entladen. Die Luft war auffallend schwül gewesen.

Ricardo und Pedro legten ihr Floß in das seichte Wasser vor einer Sandbank und warteten unter dem Blätterdach, bis der wohltuende Regen nachgelassen hatte. Dann beschlossen sie, durch den Wald zu gehen und für die Anta Futter zu holen. Außerdem wollten sie bei dieser Gelegenheit nach Wild Ausschau halten.

Mit zwei großen Futterbündeln und nur einer Wildtaube kehrten sie zum Ufer zurück. Wie staunten sie jedoch, als sie ihr Floß nicht mehr sahen.

»Wir haben uns verlaufen«, stellte schließlich Pedro fest.

»Das ist eine ganz andere Sandbank. Die unsrige war breiter.«

»Du, ich ahne Schlimmes«, meinte Ricardo. »Sieh dir das Wasser an. Fällt dir gar nichts auf?«

»Es ist lehmig geworden.«

»Und wir Esel haben nicht an den Regen gedacht! Du lieber Himmel, jetzt ist die Anta weg.«

»Wieso? Das ist nicht unsere Sandbank.«

»Natürlich ist sie es! Weiter oben hat es mehr geregnet, das Wasser ist gestiegen und hat das Floß mitgenommen. Sieh dir das Wasser an! Vor einer Stunde war es noch durchsichtig hell, und jetzt sieht es aus wie zur Regenzeit.«

»Was machen wir denn nun, Ricardo?«

»Wenn ich das wüßte! Laß uns nachdenken. Das Floß ist weg und treibt stromab. Nachschwimmen können wir nicht, denn dabei fressen uns die Piranhas oder die Kaimane. Ein zweites Floß zu bauen erfordert zuviel Zeit. Paß auf, wir gehen durch den Wald, der nicht sehr breit ist, kommen auf den offenen Sertão hinaus und rennen los, bis wir glauben, das Floß überholt zu haben. Dann setzen wir uns an den Fluß und warten, bis es angeschwommen kommt.«

»Und wenn es irgendwo hängengeblieben ist?«

»Dann werden wir es holen müssen.«

Kopfschüttelnd ließ Pedro sein Grasbündel fallen, denn das konnte liegenbleiben. Die Taube aber nahm er mit.

Ricardo raste los. In Gedanken überflog er die vor ihnen liegende Flußstrecke, die glücklicherweise keine Stromschnellen besaß. Er erinnerte sich an eine Stelle, die eine nur ganz geringe Strömung aufwies. Dort mußte es ihnen gelingen, ihr Fahrzeug einzuholen.

Wo aber befand sich diese Stelle? Der Urwald war überall derselbe. Sie mußten vom offenen Sertão her auf gut Glück in den dichten Mato eindringen und hoffen, daß sie dahinter auf diese Flußstrecke stießen.

»Das ist ganz unmöglich«, keuchte Pedro, während sie in der Sonnenglut dahinrannten.

»Nichts ist unmöglich«, erwiderte Ricardo.

In Anbetracht des großen Vorsprungs, den das Floß besaß, trieb er erneut zur Eile. Es war erstaunlich, wie gleichmäßig er lief und wie er durchhielt, ohne einmal zu verschnaufen. Er trug das Gewehr und Pedro die Taube. Beide hatten sie lange Buschmesser an ihrer Seite hängen.

Plötzlich hielt Ricardo an. Pedro rannte noch ein Stück weiter. Als er stand, schien es ihm, als drehten sich die Bäume um ihn herum.

»Dahinter vermute ich unseren Ausreißer«, schnaufte Ricardo und fing an, am Rande des Waldes einen Durchschlupf zu suchen.

Bis zum Fluß hin war es nicht weit, aber als sie am Ufer standen, war vom Floß nichts zu sehen.

»Was nun?« fragte Pedro.

»Jedenfalls kann es hier noch nicht vorbei sein«, behauptete Ricardo. »Es weiter unten zu suchen hat keinen Sinn. Wir müssen nun sehen, wie wir flußaufwärts gelangen.«

»Natürlich im Busch.«

Um sich einen Weg zu bahnen, mußten sie oft zum Buschmesser greifen. Der Schweiß rann in Strömen über ihre Körper. Kein Lufthauch regte sich.

Hier und dort hieben sie sich zum Ufer durch, um nach dem Floß Ausschau zu halten. Manchmal war es ihnen möglich, unmittelbar am Wasser zu bleiben oder über eine Sandbank zu laufen und durch flaches Wasser zu waten.

»Auf diese Weise kommen wir nach Felicidade, ohne die Anta gefunden zu haben«, meinte Pedro mutlos.

»Sie entgeht uns nicht«, widersprach Ricardo. »Die Hauptsache ist, daß sie nicht ängstlich geworden ist und die Umzäunung durchbrochen hat. Dann ist sie natürlich für immer weg.«

Nach langen Mühen stieß Ricardo seinen gellenden Jagdschrei aus. Er hatte in der Ferne das Floß entdeckt. Es schwamm tatsächlich dort, wo er es vermutet hatte, nur hatte er die Stelle nicht gleich gefunden.

Hier stand das Wasser fast still. Der Fluß war breit und dunkel, also ziemlich tief. In seiner Mitte trieb das Floß.

»Wie kommen wir hinüber?« fragte Pedro gespannt.

»Wenn du schwimmst, frißt dich bestimmt ein Jacaré«, antwortete Ricardo. Todsicher lauerten mehrere dieser gefräßigen Bestien auf dem Grund des stillen Wassers.

»Dann bauen wir ein Floß!«

»Nur ein ganz schmales, das dich tragen kann. Du bist der Leichtere. Komm, wir fällen rasch einige Bäumchen und binden die Stämme zusammen. Dort, diese Bäume sind weich und lassen sich gut bearbeiten.«

»Sie werden sich vollsaugen«, meinte Pedro.

»Nicht so schnell. Bis zum Floß kommst du mit ihnen.«

Ricardo schlug bereits den ersten Baum um. Vier Stämme sollten genügen. Sie hieben sie in gleichgroße Längen, brachten sie zum Wasser und banden sie mit biegsamen Gerten zusammen. Danach kletterte Pedro auf eine Palme, löste einen langen Wedel und warf ihn zur Erde. Daraus fertigte er ein Paddel an, indem er von der Rippe alle überflüssigen Blätter entfernte und nur ein gestutztes Wedelende stehenließ.

»Gute Reise!« rief Ricardo vergnügt, als er das wacklige Floß ins Wasser schob.

Pedro gebrauchte eilig das behelfsmäßige Paddel. Er stand auf den beiden mittleren Stämmen, die bereits knapp vom Wasser überspült wurden. Wenn er das Gleichgewicht verlor, würde er bei den Krokodilen liegen.

Mit dem ungefügen Paddel war das Floß kaum fortzubewegen. »Nimm dir Zeit«, rief Ricardo vom Land herüber. Er hatte gut reden. Pedro konnte sich ausrechnen, wie lange ihn das Floß noch tragen würde. Das Holz saugte sich erschreckend rasch voll. Es sank immer tiefer. Wenn er nicht bald sein Ziel erreichte, bekamen die Krokodile tatsächlich noch Beute. Außer ihnen gab es in diesem stillen Wasser auch Piranhas in Überzahl, denn sie liebten ruhige, sumpfige Gewässer. Wenn sie nur einen Blutstropfen spürten, waren sie im Nu zur Stelle und zerrissen ihre Beute in Minutenschnelle.

Nein, diese Floßfahrt war kein Vergnügen. Pedro lachte nicht mehr, sondern paddelte um sein Leben. In seiner Not fing er an, die Madonna anzurufen.

Auch Ricardo war jetzt beunruhigt. Er sah, wie das Wasser die Stämme überspülte, wie es Pedros Fußknöchel erreichte und allmählich höher stieg. Helfen konnte er nicht. Wenn das Floß nicht mehr trieb, mußte Pedro schwimmen. Dann kam es darauf an, welchen Weg er wählte. Er befand sich fast in der Mitte zwischen dem großen Floß und dem Ufer.

Pedro dachte nicht daran, zurückzuschwimmen, wenn sein Floß sank. Piranhas und Krokodile gab es vor und hinter ihm. Wenn es ihm gelang, sie durch viel Lärm einige Minuten abzuhalten, konnte er das Tapirfloß erreichen. Er kannte Sertanejos, die ins Wasser gefallen waren und breite Flüsse durchschwommen hatten, ohne die Spur eines Piranhas oder Krokodils zu sehen.

Jetzt lagen die vier Stämmchen so tief im Wasser, daß sie sich nicht mehr fortbewegen ließen. Pedro warf das Paddel weg. Mit quirlenden Beinen und aufklatschenden Armen kraulte er davon. Ein langer Silberrücken tauchte in seiner Nähe auf und wieder unter. Der Junge sah ihn nicht.

Ricardo hob das Gewehr, spähte aufmerksam über den Fluß und entdeckte zum zweitenmal den verdächtigen Rücken. Im aufpeitschenden Knall des Schusses zischte die Kugel durchs Wasser.

Da wußte Pedro, daß ihm Gefahr drohte. Er verdoppelte seine Kraft, erreichte das Floß, zog sich an ihm hoch und fiel auf die Palmrippen. Erschrocken sprang die Anta auf.

Sie war noch da und schien auf Pedro gewartet zu haben. Mit ihrem Rüssel beschnupperte sie ihn und drückte unverhohlen ihre Freude aus. Lachend winkte Pedro zu Ricardo hinüber. Nun war ja alles wieder gut, und der Silberrücken, der sich im Wasser gezeigt hatte, war vielleicht nur ein Schweinsfisch gewesen.

Am nächsten Tag gerieten sie in einen schweren Sturm. Sie befanden sich ungefähr in der Mitte des Flusses, hatten soeben Kaffee gekocht und nicht auf den Himmel geachtet. Als das Unwetter losbrach, ruderten sie aus Leibeskräften, um aus dem Gefahrenbereich herauszukommen. Die Wellen wurden immer ungestümer.

Die Sonne hatte sich hinter jagenden Wolken verkrochen, Blitze zuckten, der Donner rollte, und der Sturm heulte in allen Tönen. Aus dem Tageslicht wurde abendliche Dämmerung.

Nach der langen Reise hatten sich die Hölzer des Floßes vollgesaugt. Schwer lag es im Wellengang und wollte den Rudern kaum noch gehorchen.

»Was wird, wenn wir gar nichts machen?« fragte Pedro während des Ruderns.

»Dann reißt das Floß wieder auseinander, und wir liegen diesmal wirklich mit der Anta im Wasser«, gab Ricardo keuchend zurück.

»Gibt es hier Jacarés?«

»Wohl kaum, der Fluß ist ihnen zu belebt. Warte, laß mich allein rudern. Lege der Anta deinen Lasso um und binde sie fest. Dann komm schnell wieder her.«

Der Fluß wurde immer wilder, doch arbeiteten sie sich langsam dem Ufer zu. Mehrere Verbindungen des Floßes waren gerissen.

»Bald haben wir es geschafft«, spornte Ricardo den Jungen an.

Der betrachtete für einen Augenblick seine rechte Handfläche, wo sich die Haut an drei Stellen löste.

Nach kurzer Zeit des heftigen Schaukelns wies das Floß schwere Schäden auf. Es zerfiel allmählich in seine einzelnen Bestandteile; die letzten Weiden und Lianen drohten zu zerreißen.

Ricardo band die losen Teile notdürftig mit seinem Lasso zusammen. Noch während er damit beschäftigt war, klaffte neben dem Tapir ein Riß, der schnell ganz breit wurde. Einige Palmrippen gaben unter der Anta nach, und sie selber fiel ins Wasser, bevor Pedro ihr zu Hilfe kommen konnte. Im Nu war sie verschwunden.

»Die Anta! Die Anta!« schrie Pedro entsetzt auf.

Unweit des Floßes tauchte sie wieder auf. Da sprang Pedro dorthin, wo er den Lasso festgebunden hatte, und wollte aus Leibeskräften ziehen, aber die Anta war schneller. Sie hatte sich schwimmend dem Ufer zugewendet und die Stange, an der das Lasso befestigt war, vom Floß gerissen. Pedro packte das Seilende und ließ nicht los. Kopfüber verschwand auch er in den Fluten.

›Wenn du losläßt, ist die Anta weg!‹ war der immer wiederkehrende Gedanke, während er durchs Wasser gezogen wurde. Zum Schwimmen kam er nicht. Manchmal war er oben, aber meistens unten, und wenn er den Kopf kurz über Wasser halten konnte, schnappte er schnell nach Luft.

Das war eine Fahrt, die er sein Lebtag nicht vergessen würde. Die Anta schwamm so zielsicher dem Ufer zu, als spüre sie die hemmende Last des Jungen überhaupt nicht. Pedro dachte an die Piranhas und bekam es mit der Angst zu tun. Wenn sich das Tier oder er eine Verletzung zugezogen hatten und bluteten, würden die Raubfische sofort zur Stelle sein. Dann half auch die Schnelligkeit der Anta nichts, denn die gefräßigen Räuber waren flinker.

Ob Ricardo noch am Leben war?

Plötzlich erhielt Pedro einen Stoß vor die Brust, daß er glaubte, sein letztes Stündlein sei gekommen. Er wollte schreien, doch verschluckte er sich. Und dann merkte er, daß er auf einer

Sandbank am Ufer lag. Die Anta stand auf dem Trockenen, als wäre nichts geschehen. Rasch lief er zu ihr hin und streichelte sie, weil er befürchtete, daß sie ihm davonlaufen könnte.

Ein ganzes Stück weiter unten trieb Ricardo auf dem Strom. Er gab es nicht auf, das Floß zu bergen. Ganz allein kämpfte er gegen die Gewalt des Stromes und der Wellen.

Pedro konnte nichts weiter tun, als sich mit der Anta abzugeben. Vor allem versuchte er, ihr den Lasso fester anzulegen, was bei der Plumpheit des Tieres gar nicht so einfach war. Als er glaubte, daß es ihm gelungen sei, wickelte er das Lassoende um einen Baum.

Die Anta war nun völlig zahm geworden. Sie hatte ihre Scheu verloren und begnügte sich damit, von den Menschen gefüttert zu werden. Selbst das Wasser schien sie nicht zu vermissen. Vielleicht war ihre Zutraulichkeit gar keine Anhänglichkeit, sondern nur Vertrauen zu den Menschen, die sie in der Gefangenschaft anders kennengelernt hatte als draußen im Sertão. Sie wußte nunmehr, daß sie sich vor ihnen nicht zu fürchten brauchte. Wenn Pedro sie rief, dann kam sie, weil der Klang seiner Stimme ihr einen Leckerbissen versprach.

Trotzdem hielt Pedro sehnsüchtig nach Ricardo Ausschau, denn er traute der Anta nicht ganz. Der Gefährte hatte höchstwahrscheinlich weiter unten das Ufer erreicht und das Floß gesichert. Bevor er es ausbesserte, würde er ganz bestimmt versuchen, den Jungen und den Tapir zu erreichen. Das war hier am Tocantins gar nicht so schwierig. Die umliegenden Siedler hatten dafür gesorgt, daß der Wald lichter geworden war.

Nach kurzer Zeit kam er tatsächlich keuchend daher und schloß Pedro in seine Arme, als hätte er ihn ein ganzes Jahr lang nicht gesehen. »Das habt ihr fein gemacht!« rief er freudestrahlend und kraulte die Anta hinter den Ohren. »Ich konnte genau sehen, wie sie dich durchs Wasser zog, nur war ich mir nicht ganz sicher, ob sie weiterhin bei uns bleiben würde.«

»Eigentlich verdient sie es, für immer bei uns zu bleiben«, meinte Pedro nachdenklich.

»Unsinn, im Zoo hat sie es viel besser. Dort bekommt sie ein großes Gehege. Hättest du Lust, mit ihr nach Felicidade zurückzulaufen? Du kannst dir, wenn du willst, eine andere Anta fangen.«

»Freilich hast du recht, Ricardo, doch habe ich sie liebgewonnen. Und das will ich dir sagen: Mein Leben lang werde ich keine Anta schießen.«

»Siehst du, jetzt merkst du es selbst, daß das Einfangen der Tiere mehr Freude macht. Es wird ja nicht jede Anta auf den Gedanken kommen, dich ins Schlepptau zu nehmen.«

ALS PEDRO DIE STADT SAH, mußte er lachen. An Stelle großer Gebäude erblickte er baufällige Hütten, die viel armseliger waren als die Häuser in Felicidade. Was Ricardo erzählt hatte, stimmte nicht. Der ältere Freund erklärte jedoch:

»Habe ich dir nicht gesagt, daß Carolina ein kleines Nest ist? Du denkst an Belém mit seinen Hochhäusern und riesigen Schiffen. Die findest du hier nicht. Immerhin ist das, was du jetzt siehst, nicht Carolina. Es ist die Hafengegend, während die Stadt etwas weiter oben liegt. Hier unten siedeln sich arme Teufel an, die aus dem Holz der ankommenden Flöße ihre Unterkünfte bauen. Das kostet sie nicht viel. Sie sind zwar die Ärmsten, aber sie haben den schönsten Blick auf den Fluß und wissen immer, welche Boote kommen und gehen.«

Der obere Stadtteil sah bedeutend besser aus. Hier gab es richtige Straßen mit festen Häusern, in denen sich Geschäfte mit verlockenden Auslagen, Bars, Kinos, Handwerksstätten und Verwaltungen befanden.

Ricardo sorgte zuerst dafür, daß der Tapir auf ein Boot verladen wurde, das nach Belém fuhr. Dann tauchte er für einen Tag in der Stadt unter. Pedro vertrieb sich allein die Zeit. Am Abend ging er jedoch auf das Floß zurück, das an der steilen Küste vertäut war. Mitten in der Nacht kam Ricardo zu ihm.

»Wach auf!« rief er gutgelaunt. »Hier hast du frisches Weißbrot, Butter und Käse. Nun höre gut zu. In Zukunft fangen wir keine Tapire mehr, sondern Schlangen. Jede Menge und in jeder Größe.«

»Für Geld?« fragte Pedro gedehnt.

»Für was denn sonst? Glaubst du, ich fange einen Buschmeister nur zum Vergnügen?«

»Auch die Surucucu?« Pedro saß aufrecht auf seinem Lager und rieb sich verwundert die Augen. Es war nicht gut, sich mit der gefürchteten Surucucu einzulassen, die von den Fremden Buschmeister genannt wurde. Sie galt als die gefährlichste Schlange im brasilianischen Busch.

»Du darfst nicht vergessen, daß eine Surucucu mehr einbringt als ein Dutzend Klapperschlangen«, erklärte der Freund.

»Und was gibt es für eine Schararaka?«

»Dasselbe wie für eine Klapperschlange.«

»Und was bekommen wir, wenn uns eine beißt?«

»So dumm wirst du wohl nicht sein«, gab Ricardo stirnrunzelnd zurück. »Ich bekomme Serum und kann im Notfall spritzen, aber der Tod ist manchmal schneller. Ein Kerl wie du darf sich nicht beißen lassen.«

Nachdem sie drei Tage in der Stadt gewesen waren, wollten sie am nächsten Morgen an Bord eines Motorbootes gehen, das stromauf fuhr. Pedro freute sich darauf, weil er in Carolina keine Menschenseele kannte, während Ricardo überall Freunde fand.

Diese letzte Nacht in der Stadt war schwül. In der Ferne rumpelten Gewitter. Die Leute saßen im Freien und fächerten sich Kühlung zu.

Pedro verließ das Floß, ging den Hang hinauf und durch die Gassen. An einer Stelle, von wo aus er den Fluß übersehen konnte, hockte er sich nieder. Hier und dort lugten der Mond und die Sterne durch die langsam treibenden Wolken.

Wo steckte Ricardo um diese Zeit?

Irgendwo fielen zwei Schüsse.

Gelangweilt ging Pedro zum Floß zurück. Als er sich auf seinem Lager ausstrecken wollte, sah er eine dunkle Gestalt den

Hang herabspringen. Schon glaubte er, Ricardo käme. Er pfiff, um dem Freund ein Zeichen zu geben. Da stutzte der Ankommende und blieb unbeweglich stehen.

»Was hast du?« fragte Pedro.

»Pst! Sei still!« flüsterte die Gestalt und näherte sich dem Floß. Pedro erkannte im fahlen Licht des Mondes einen dunkelhäutigen Mann.

»Was wollen Sie?« fragte er, und es war ihm gar nicht wohl dabei.

»Hilf mir weiter!« versetzte der Mann mit gedämpfter Stimme. »Einige Kerle sind hinter mir her. Sie haben mich betrogen und wollen mich umbringen.«

»Kommen Sie auf das Floß!«

»Ich muß fort von hier. Gib mir das Floß.«

Ohne auf eine Antwort zu warten, zog der Fremde sein großes Messer und hieb die Vertauung durch. Er sah den Jungen mit drohender Miene an.

»Ja, eigentlich können Sie das Floß haben«, stotterte Pedro. »Wir fahren morgen früh mit einem Boot stromauf. Ich weiß aber nicht, was Ricardo dazu sagen wird.«

»Rasch, spring an Land!« befahl der Dunkelhäutige.

Pedro las in aller Eile seine Siebensachen zusammen, sah sich noch einmal um und verließ das Floß. In diesem Augenblick erklang über ihm lautes Geschrei. Mehrere Männer sprangen den steilen Hang herab.

Der Fremde hatte das Floß in die Strömung gebracht und ruderte aus Leibeskräften.

»Mein Messer!« schrie plötzlich Pedro erschrocken auf. »Mein Messer liegt noch auf dem Floß!«

Die Männer umringten ihn und redeten auf ihn ein.

»Warum hast du ihm das Floß gegeben?« hörte er sie fragen.

»Er hat es genommen«, widersprach er heftig. »Mein Messer ist noch an Bord.«

»Wo ist ein Kanu?«

»Wer hat ein Motorboot?«

»Der Kerl entkommt uns! Macht rasch!«

»Was hat er denn getan?« fragte Pedro einen Burschen und hielt ihn am Ärmel fest.

»Er soll einen anderen umgebracht haben. Genaues weiß ich nicht.«

Die Männer liefen am Ufer entlang, um ein Boot zu suchen, mit dem sie die Verfolgung aufnehmen konnten, aber alle Kanus waren mit einer Kette gesichert. Keiner wußte, wem sie gehörten.

»Es liegen noch andere Flöße auf dem Wasser«, rief ein Mann.

»Wir müssen ein Motorboot auftreiben!« rief ein anderer.

Sie fanden nichts. Die beiden Motorfahrzeuge, die in Frage gekommen wären, wurden von Männern bewacht, die von Maschinen nichts verstanden. Inzwischen war das Floß des Flüchtenden längst in der Ferne verschwunden.

Niedergedrückt setzte sich Pedro dorthin, wo ihr Floß gewesen war. Er schalt sich einen Feigling, denn er hatte ein Messer gehabt und hätte den Kerl abwehren können. Statt zu kämpfen, war er freiwillig an Land gegangen. Freilich, anfangs hatte er den Worten des Mannes geglaubt, und er war bereit gewesen, ihm behilflich zu sein. Als er den Irrtum bemerkt hatte, war es zu spät gewesen. Jetzt brauchte der Flüchtling nur irgendwo anzulegen und in die Wildnis zu gehen, um vor jeder Verfolgung sicher zu sein. Auf diese Weise tauchten viele Verbrecher unter.

Ricardo lachte, als er Pedro am Ufer sitzend vorfand und von dem Vorfall erfuhr. »Darüber brauchst du dir keine Gedanken zu machen«, sagte er beruhigend. »Der Mann hat vor vielen Jahren im Streit einen anderen mit der Messerspitze gekitzelt. Von einem Totschlag kann nicht die Rede sein. Jetzt wurde er erkannt und zur Rede gestellt. Es ist ein Glück für alle, daß er entkommen ist.«

»Aber unser Floß ist weg.«

»Wir brauchen es nicht mehr. Nun komm schon, wir gehen an Bord.«

Da nahm Pedro sein Bündel auf und trottete hinter dem Freund am Strand entlang durch die Nacht.

DER SCHLANGENFANG war plötzlich eine Angelegenheit des ganzen Dorfes geworden. Wer nichts anderes zu tun hatte, ging mit einem Sack bewaffnet in den Sertão hinein. Es wurde alles gefangen, was auch nur schlangenähnlich war. Ricardo traf die Auswahl und steckte die brauchbaren Schlangen in mehrere Kisten.

Die Giftschlangen wurden dringend zur Gewinnung von Serum gebraucht. Wer Schlangen ablieferte, bekam in erster Linie kostenlos Serum für den eigenen Bedarf und darüber hinaus eine bescheidene Bezahlung. Der größte Nutzen lag jedoch darin, daß in der näheren Umgebung von Felicidade die Schlangen ausgerottet wurden, so daß sich die Leute nunmehr bewegen konnten, ohne die gefährlichen Reptilien fürchten zu müssen.

»Es bleiben noch genügend Schlangen übrig«, meinten jedoch die erfahrenen Buschläufer. »Die ganz kleinen findet keiner, und eines Tages sind sie groß. Andere verbergen sich, sobald sie einen Schritt verspüren. Um alle auszurotten, müßtet ihr die Termitenhügel zerstören, den Boden umgraben, die Erde sieben und sämtliche Bäume fällen.«

Die Klapperschlangen waren am leichtesten aufzuspüren, weil sie sich durch ihr warnendes Gerassel verrieten; auch hielten sie sich im offenen Sertão oder gar in Dorfnähe auf. Wenn ihnen Gefahr drohte, gingen sie sofort in Angriffsstellung über. Glücklicherweise sahen sie schlecht und stießen fast immer daneben. Trotzdem mußten die Fänger ihre Beine bis zu den Knien durch Gamaschen schützen. Nur Ricardo und einige andere erfahrene Jäger verzichteten darauf, doch hatten sie dafür eine Spritze mit Serum in der Tasche.

Noch war es niemandem gelungen, eine Surucucu einzufangen. Den Buschmeister fürchteten die Leute mehr als eine Anakonda. Obwohl diese zweieinhalb Meter lange Schlange träge ist und wie ein dunkler Haufen auf dem Waldboden zu liegen pflegt, greift sie pfeilschnell an und erreicht ihr Ziel mit tödlicher Sicherheit. Selbst Ricardo verzichtete darauf, eine Surucucu lebend zu fangen.

Eines Tages ging Pedro in den Sertão hinein, um die zwei

Kühe zu suchen, die davongelaufen waren. Er dachte nicht an Schlangen und pfiff vor sich hin, als einzige Waffe baumelte ein Buschmesser an seiner Seite. Wie üblich, trug er nur ein Hemd und eine halblange Hose.

Die Sonne stand bereits hoch im Westen, und die ärgste Hitze war vorüber. Zwei grüne Papageien flogen dem Walde zu, wo die Brüllaffen randalierten.

Die davongelaufenen Kühe waren nirgends zu sehen. Wahrscheinlich lagen sie irgendwo im Schatten eines Baumes. Pedro spähte eifrig nach ihnen aus und entdeckte plötzlich in der Ferne einen Menschen, der langes Kopfhaar und als einziges Kleidungsstück einen Lendenschurz trug. Im nächsten Augenblick lag Pedro flach am Boden, denn daß er einen Indianer vor sich hatte, brauchte ihm niemand zu sagen. Der Schreck saß ihm in allen Gliedern. Alte Greuelgeschichten fielen ihm ein, denn jeder Siedler konnte etwas anderes erzählen, und die Indianer standen bei ihnen in keinem guten Ruf. Er dachte aber auch an seinen Vater, der ein Freund dieser gefürchteten Indianer war.

Was wollte dieser eine in der Nähe des Dorfes, oder war er gar nicht allein? Es war nicht anzunehmen, daß die Indianer gegen Felicidade etwas im Schilde führten, doch konnten sie immerhin einzelnen Siedlern auflauern, so wie die Dorfleute früher auf der Lauer gelegen und umherstreifende Indianer umgebracht hatten. Dieser alte Streit drohte immer wieder aufzuflackern.

Pedro mußte feststellen, was dieser Indianer trieb. Er selbst war den roten Kindern der Wildnis noch nie begegnet, doch wußte er, daß sie flink waren und im Falle eines Kampfes unsichtbar blieben. Wer glaubte, einen Indianer belauschen zu können, war meistens selbst der Beobachtete.

Vorsichtig sah sich Pedro um. Er kroch auf Händen und Füßen in den Schatten eines Gebüsches und richtete sich im Schutz des Strauches auf. Der Indianer setzte sich in Bewegung und kam direkt auf ihn zu.

Da machte sich Pedro ganz klein und wäre am liebsten wie ein Gürteltier in die Erde gekrochen. Blitzschnell durchzuckte ihn der Gedanke, daß er einen der vielen Termitenhügel aufbrechen und hineinkriechen könnte, aber diese Burgen waren viel zu hart. Wohl oder übel mußte er sich im Gebüsch verbergen, das eigentlich zu licht war, um einem Menschen Deckung zu bieten.

Unweit des Strauches blieb der Indianer stehen. In der linken Hand trug er einen Bogen mit mehreren Pfeilen. Sein Gesicht war rot bemalt.

Pedro wagte kaum zu atmen. Um nicht den Blick des Indianers auf sich zu ziehen, kniff er seine Augen fast ganz zusammen. Die Zeit schien stillzustehen. Pedro hörte nicht einmal mehr die Brüllaffen schreien.

»Menino!« rief plötzlich der Indianer. »Junge, komm!« Er sah freundlich aus und schien zu lächeln. Das matte Licht der sinkenden Sonne fiel auf seinen rotbemalten Körper.

Pedro wußte nicht, wie er sich verhalten sollte. Es war zwecklos, sich noch länger zu verbergen. Der Indianer brauchte nur den Bogen zu heben und einen Pfeil aufzulegen, um ihn wie ein Stück Wild abzuschießen, doch sah er gar nicht danach aus. Da hielt es Pedro für das beste, eine sorglose Miene aufzusetzen und sein Versteck zu verlassen. Anscheinend furchtlos ging er auf den Indianer zu.

»Wer bist du?« fragte jener in schlechtem Portugiesisch.

»Pedro, der Sohn von Francisco Alfieri.«

»Du jagst?«

»Nein, ich suche unsere beiden Kühe.«

»Dort.« Der Indianer zeigte nach Osten. Dann bediente er sich seiner eigenen Sprache. Als er sah, daß Pedro ihn nicht verstand, lächelte er und setzte seinen Weg nach Westen fort.

Pedro sah ihm nach, und ihm war, als wäre er von den Toten auferstanden. Er mußte erst einmal tief Luft holen, um wieder ruhiger zu werden. Die Lust, einen Indianer zu belauschen, war ihm gründlich vergangen. Darauf wandte er sich in die angegebene Richtung, und als er die Kühe entdeckte, trieb er sie auf und dem Dorfe zu.

Francisco legte dieser Begegnung keine besondere Bedeutung bei. Die Indianer waren freie Menschen und konnten Felicidade ebenso wie jedes andere Dorf besuchen. Wenn sie es nicht taten, war das ihr freier Entschluß, und niemand konnte sagen, warum sie sich fernhielten.

Ricardo meinte sorglos: »Er wird ein Stück Wild verfolgt haben und auf diese Weise in die Nähe unseres Dorfes gekommen sein. Was ein roter Jäger aufgespürt hat, läßt er sich nicht entgehen.«

Nur die Jungen waren anderer Meinung. Ihnen wäre eine Abwechslung im täglichen Einerlei des Dorfes willkommen gewesen. Sie wünschten sich zwar keinen Überfall, wohl aber eine Aufregung der Gemüter. Im Geiste sahen sie bereits den Präfekten mit einer Schar bewaffneter Leute durch den Sertão reiten, um für die Sicherheit des Dorfes zu sorgen. Natürlich wären sie mitgeritten, selbst wenn sie nur mit einem Buschmesser hätten kämpfen müssen.

»Und wer sagt dir, daß unsere Leute recht haben?« ereiferte sich Emilio, ein dreizehnjähriger Junge, mit dem Pedro eng befreundet war.

»Wie meinst du das?« wollte Pedro wissen.

»Die Indianer können irgendwo lagern und den Zeitpunkt abwarten, der für sie am günstigsten ist. Dann fallen sie über uns her.«

»Dann müßten es viele sein.«

»Das sollte man feststellen.«

»Allein?«

»Wir beide suchen die ganze Umgebung ab. Sehen wir sie, sind wir die Helden, und finden wir nicht die geringste Spur, brauchen wir niemandem etwas davon zu erzählen.«

Damit war Pedro einverstanden. Sie brachen sofort auf und sagten daheim, daß sie nach Schlangen Ausschau halten wollten. Als das Dorf weit genug hinter ihnen lag, sahen sie sich nach weidenden Mauleseln oder Pferden um, denn nur beritten war es ihnen möglich, eine weite Strecke abzusuchen. Da Pedro selbst die fünf Maulesel des Senhor Jorge de Oliveira auf die Weide getrieben hatte, wußte er, wo sie waren.

Bald danach waren sie beritten. Emilio saß auf einem etwas klapprigen Pferd, während Pedro für sich eine weiße Mula eingefangen hatte. Auf Sattel und Zaumzeug konnten sie verzichten, da die Tiere gewöhnt waren, dem Schenkeldruck und Handschlägen zu folgen.

Jetzt kam es darauf an, unbemerkt zu bleiben. Sie wollten die Indianer entdecken und hatten obendrein zu befürchten, von Männern des Dorfes gesehen zu werden, die ihnen die Entwendung der beiden Reittiere verübeln würden. Deswegen spähten sie nach allen Seiten aus und mieden offene Stellen.

Pedro vermutete die Indianer im Walde. Er hatte von seinem Vater gehört, daß die roten Kinder der Wildnis den dichten Mato bevorzugten, um vor den Späheraugen anderer Stämme oder vor weißen Jägern sicher zu sein. Nur wo sie wirklich allein waren, gingen sie in den offenen Sertão hinaus.

Der Mato zog sich zu beiden Seiten des kleinen Flusses weit in die Ferne. Dort, wo er in die lichte Wildnis überging, wuchsen hohe Palmen. Da gab es auch welche mit palmito, dem eßbaren Mark. Wer darauf aus war, mußte die Palme unterhalb des Blattansatzes durchschlagen oder, wenn sie groß war, den ganzen Stamm fällen. Es war anstrengende Arbeit nötig, um ein halbmeterlanges und armdickes Stück palmito zu gewinnen, das, roh oder gekocht, ganz vortrefflich schmeckte.

Weder Pedro noch Emilio achteten heute auf die Palmen oder wilden Früchte, die hier und dort an den Bäumen hingen. Sie ritten am Waldrand dahin und suchten Spuren. Wenn Indianer sich in Sicherheit fühlen, nehmen sie sich nicht in acht und hinterlassen mitunter deutliche Fährten. Mit ihren nackten Füßen gehen sie auch viel lieber über den Sand als durch das stachlige Gras.

Jetzt galt es, darauf zu achten, wo die Indianer den Mato betreten hatten. Wenn es den Jungen gelang, diese Stelle zu finden, dann mußten sie auch auf den Lagerplatz stoßen, ganz gleich, ob die Indianer dort geblieben oder bereits wieder weggezogen waren.

Pedro rutschte plötzlich von seiner Mula und untersuchte den Boden, wo an mehreren Stellen das fast dürre Gras niedergetreten war.

»Was siehst du?« fragte Emilio gespannt.

»Es scheint ein Stachelschwein gewesen zu sein. Wir reiten weiter«, gab Pedro zurück und schwang sich wieder auf den Rükken seines Tieres.

Sie suchten lange und fanden nichts. Emilio entdeckte auf einem Baum eine ungiftige Schlange, doch nahm er sich nicht die Zeit, sie herunterzuholen und zu töten, wie er es sonst immer tat.

»Ich weiß etwas«, sagte Pedro und hielt seine Mula an, um neben den Freund zu kommen. »Es gibt nicht weit entfernt eine Furt, die jeder benutzen muß, der auf die andere Seite des Wassers will. Vielleicht finden wir dort eine Spur.«

»Die Indianer brauchen keine Furt«, widersprach Emilio. »Sie gehen überall durch den Busch und durch das Wasser.«

»Auch dann, wenn sie es gar nicht nötig haben, sich in Gefahr zu begeben?« zweifelte Pedro.

Sie beschlossen, trotzdem diese Furt aufzusuchen. Irgendwohin mußten sie sich schließlich wenden. Es war um die Mittagszeit, und die Hoffnung, die Indianer noch anzutreffen, schwand immer mehr.

Ein schmaler Pfad führte zu jener Furt. Die Jungen untersuchten ihn und fanden die Abdrücke mehrerer nackter Füße. Hier konnten jedoch ebenso Dorfbewohner gegangen sein.

»Komm!« rief Emilio mit unterdrückter Stimme. »Die Tiere lassen wir hier.« Er huschte lautlos in den Wald hinein und war für einen Augenblick verschwunden. Pedro beeilte sich, doch blieb ihm der Freund ein gutes Stück voraus. Vielleicht hoffte Emilio, die Indianer als erster zu entdecken.

Plötzlich stürzte er laut schreiend zu Boden. Er schlug mit den Armen um sich und schien mit einer unsichtbaren Macht zu kämpfen. Als Pedro ihn erreichte, sah er, wie eine ausgewachsene Surucucu die Beine des Freundes umwickelt hatte. Pedro überlegte nicht lange, zog sein Buschmesser und hieb auf die Schlange ein. Blindlings schnitt und stach er in den sich windenden Leib. Als er den Schwanz erblickte, packte er zu und zog aus Leibeskräften. Die Surucucu zeigte so tiefe Verletzungen, daß sie sich kaum noch wehren konnte. Als sie in ihrer ganzen Länge am

Boden lag, trennte Pedro ihr den Kopf ab. Dann erst sah er sich nach Emilio um.

Der Freund lag zusammengekrümmt und wimmernd am Boden.

»Wohin hat sie dich gebissen?« fragte Pedro zu Tode erschrokken. Emilio antwortete nicht, aber in seiner rechten Wade war deutlich die Bißstelle zu sehen. Pedro zielte mit seinem Messer und stieß es blitzschnell hinein. Aufheulend warf sich Emilio herum.

»Jetzt ist alles gut!« rief Pedro und drückte an der blutenden Wunde. »Nimm dich zusammen, Emilio. Wenn wir schnell reiten, bekommst du bald eine Spritze. Los, steh auf!«

Taumelnd erhob sich der Freund. Pedro sah sich um, lief ins Buschwerk und holte eine Handvoll Blätter. Dann riß er einen Streifen vom unteren Rand seines Hemdes und band das Grünzeug auf die Wunde. So hatte er es von seinem Vater und von Ricardo gelernt.

»Warte hier«, befahl er. »Ich hole dein Pferd, und dann reiten wir los.«

Auf einmal war Pedro ganz ruhig. Er wußte genau, daß nur Schnelligkeit Emilio retten konnte, und weil in diesem Augenblick der Freund nichts tun konnte, mußte er für die Rettung sorgen. So schnell er konnte, rannte er zu den Tieren, schwang sich auf das Pferd und sprengte zurück. Die Mula folgte willig.

Emilio war so schwach, daß er sich kaum auf dem Rücken des Pferdes halten konnte. Er wimmerte nicht mehr, doch schlugen seine Zähne wie bei großer Kälte aufeinander.

»Halte dich an der Mähne gut fest«, riet Pedro, indem er auf seine Mula kletterte. Dann ritt er davon, lockte das Pferd und schlug eine schnellere Gangart an. Als sie auf den offenen Sertão kamen, ließ Pedro die Tiere galoppieren. Keinen Blick wandte er von seinem Freund. Die Mula fand ihren Weg, ohne von ihm gelenkt zu werden.

Pedro sah, daß sich Emilio nicht länger festhalten konnte. Da hielt er an und kam gerade noch zurecht, um den fallenden Freund aufzufangen.

»Gut«, sagte er entschlossen, »bleib nur hier liegen. Ich hole Hilfe und bin gleich wieder da.«

Jetzt ritt Pedro wie noch nie in seinem Leben. Er hatte eine Gerte vom nächsten Busch gebrochen, lag geradezu auf der Mula und hieb mit leichten Schlägen auf sie ein. Er hütete sich wohl, ihr vorerst weh zu tun. Erst wenn sie zu erlahmen drohte, mußten die Hiebe kräftiger werden.

Ohne Sattel und Zaumzeug war es kein Vergnügen, auf einer galoppierenden Mula zu sitzen. Pedro umklammerte den Hals des Tieres und hielt sich mit den Füßen fest. Trotzdem trieb er es zu größerer Eile an.

Er wußte, daß der Freund zu retten war. Die Mateiros kannten Blätter, Baumrinde und Wurzeln, mit denen sie Schlangenbisse erfolgreich bekämpften. Dazu kam das Serum aus dem Institut Butantan, das sie erst seit kurzem anwendeten. Gegen den Biß einer Korallenschlange besaßen sie nichts, aber die Surucucu ähnelt der Klapperschlange, und gegen deren Biß hatte Ricardo die nötigen Spritzen.

Die Surucucu war freilich gefährlicher als die Klapperschlange, und größte Eile war geboten. Es gab nicht viele Mateiros, die behaupten konnten, von einer Surucucu gebissen worden zu sein. Sie biß nicht nur zu, sondern erwürgte obendrein ihre Opfer.

Während Pedro die Mula antrieb und sich festklammerte, dachte er über eine Ausrede nach, um den Unfall und das Entwenden der Reittiere ins rechte Licht zu stellen. Es war zwar kein großes Vergehen, weidende Tiere für einige Stunden zu benutzen, doch wollten ihre Besitzer gefragt werden und verlangten dafür eine Kleinigkeit. Vielleicht konnte Ricardo einen guten Rat geben.

Als Pedro das Dorf erreichte, sah er vor dem väterlichen Haus Findling stehen. Er war froh und erleichtert, denn wo dieser schnelle Schimmel war, kam die Hilfe nicht zu spät. Er rutschte von der Mula, sprang ins Haus und traf neben seinem Vater auch noch Ricardo an. Die beiden fragten nicht viel. Ricardo holte sofort die Serumspritze, schwang sich auf den Schimmel und sprengte davon. Francisco und Pedro folgten ihm auf ausgeruhten Mauleseln, die sie vom Nachbarn bekamen.

Der Nachbar sowie einige andere Männer und Burschen sattelten ebenfalls ihre Tiere, um beim Transport des Kranken behilflich zu sein. Das ganze Dorf war plötzlich auf den Beinen. Keiner fragte, wie die Jungen zu ihren Reittieren gekommen waren. Es galt vielmehr, Emilio zu helfen. Da hielten sie zusammen, als wären alle eine große Familie. Und sie schafften es, Emilio zu retten.

DIE GERÜCHTE UM EINE SCHULE hatten sich bewahrheitet. Pedro selbst war es schließlich, der den Lehrer abholen mußte. Drei Tage später wurde vom Präfekten das neue Schulgesetz verkündet. Jedes Kind mußte die Schule besuchen, wenn es nicht durch dringende Gründe verhindert war.

Nun überlegten alle Jungen, welche Gründe sie ins Feld führen konnten, um die Schule zu schwänzen. Keiner konnte sich vorstellen, daß er selbst Gewinn davon hatte. Jeder glaubte, der Lehrer wäre froh, endlich eine Anstellung gefunden zu haben.

Dieser Lehrer hieß Raymundo Fonsêca und ließ sich Professor nennen. Er war noch nicht dreißig Jahre alt, unverheiratet und sehr ernst.

Am ersten Schultag waren vormittags die älteren und am Nachmittag die jüngeren Kinder im Schulhaus versammelt. Als einziger fehlte Emilio, der immer noch unter den Folgen des Schlangenbisses zu leiden hatte.

Dem Lehrer lag daran, die Kinder kennenzulernen und sich vom Stand ihrer Kenntnisse zu unterrichten. Vor einigen Jahren hatte es in Felicidade bereits eine Schule gegeben, doch war von dem damaligen Unterricht nicht viel hängengeblieben. Nicht alle Kinder waren zur Schule gegangen, und die anderen hatten fast alles wieder vergessen.

»Nun sage mir, Pedro, was du für einen Ritt zum Fluß bekommst«, begann Raymundo Fonsêca den Unterricht.

»Zehn Cruzeiro«, erwiderte der Junge.

»Gut, zehn Cruzeiro. In zwei Tagen verdienst du also ...?«

»Fünfzehn Cruzeiro.«

Das hatte der Lehrer nicht erwartet, denn er wollte wissen, ob Pedro zehn und zehn zusammenzählen konnte.

»Nun gut«, fuhr er gütig fort, »du gehst zum Kaufmann und holst eine Tüte voll Gebäck. Sie kostet genau zehn Cruzeiro. Wieviel mußt du für zwei Tüten bezahlen?«

»Zehn Cruzeiro«, erwiderte Pedro ohne Zögern.

»Die eine Tüte kostet bereits zehn«, bemerkte der Lehrer. »Und was wird mit der zweiten?«

»Die wird angeschrieben und später bezahlt«, meinte Pedro.

Nun gab sich der Professor geschlagen und rief einen anderen Jungen auf. »Wieviel Kilometer reitest du an einem Tag?« fragte er ihn mit freundlicher Stimme.

»Hier gibt es keine Kilometer«, antwortete der Junge.

»Nach welchen Maßen rechnet ihr?«

»Nach Tagesritten.«

»Nun gut, du reitest drei Tage, ruhst einen Tag aus und reitest noch einmal vier Tage. Wieviel Tage bist du dann unterwegs?«

»So weit reiten wir nicht«, versetzte der Junge mit breitem Lächeln.

Wie es der Lehrer auch anstellte, die passenden Antworten bekam er nicht. Und als die Kinder nach Hause gingen, sagte Pedro zu seinen Schwestern: »Wie es scheint, hat er noch viel zu lernen.«

Die größeren Jungen dachten gar nicht daran, dem Lehrer zuliebe in die Schule zu gehen. Sie ritten weiterhin mit einer Karawane zum Fluß oder zogen jagend durch den Sertão. Daran konnte selbst der Präfekt nichts ändern. Die Waren mußten befördert werden, und die Jungen waren für die Kaufleute die billigsten Arbeitskräfte.

Auf der Seite des Lehrers stand nur Ricardo. Was er sagte, wurde zwar nicht sofort befolgt, doch ging es allmählich in den Verstand der Jungen und Alten ein. Er war ein weitgereister Mann, sollte vermögend und mit hochstehenden Leuten bekannt sein. So manches Mal scharten sich Männer, Frauen und Kinder um ihn, um seinen Reden zu lauschen. Er war für sie das Fenster in die große Welt.

Seit Emilios Unfall wollte niemand mehr Schlangen fangen. Die Surucucu hatte allen Dorfbewohnern einen gehörigen Schreck eingejagt. Ricardo schlug deswegen vor, daß sie nur noch gemeinsam auf Schlangenfang gehen sollten, damit er dabei war und im Notfall sofort spritzen konnte. Die größeren Jungen waren damit einverstanden, denn mit Schlangen konnten sie mehr verdienen als durch tagelange Wanderungen und Ritte. Eine Zeitlang ging es ganz gut. Dann kam Ricardo auf die ausgefallene Idee, den Professor mitzunehmen. Die Jungen schüttelten die Köpfe, aber ändern konnten sie daran nichts. Raymundo Fonseĉa bewaffnete sich mit einer Pistole, klemmte einen Sack unter den Arm und ging mit. Sein breitrandiger Strohhut war weithin zu sehen.

Wie sich bald zeigte, war er ein ruhiger, jedoch vortrefflicher Kamerad. Mit der Pistole ließ er die Jungen schießen, damit sie es lernten, mit einer so kleinen Waffe umzugehen. Er behauptete, im Ernstfall einen Jaguar damit töten zu können, und die Jungen glaubten es ihm. Sie glaubten ihm schließlich alles, weil er mit Überzeugung sprach und handelte.

Der Professor dachte gar nicht daran, die Jungen wegen ihres Schuleschwänzens zu tadeln. Kein Wort verlor er darüber. Er lernte von ihnen, und sie lernten von ihm. Wenn sie sich trafen, begrüßten sie sich wie gute Freunde.

Raymundo Fonseĉa hatte so manchen Tag selbst die Schule geschwänzt, um mit den Jungen auf Jagd oder Schlangenfang zu gehen. Eines Tages sagte er zu ihnen:

»Es muß anders werden, meine Freunde. Der Präfekt sieht es nicht gern, wenn ich mit euch umherstreune, statt in der Schule zu sein. Schließlich bin ich als Lehrer nach Felicidade gekommen.«

»Sagen Sie doch, daß wir hier draußen den Unterricht abhalten«, schlug ein Junge vor.

»Das wäre gelogen.«

»Wir können ja so tun«, meinte Pedro.

»Dafür bin ich auch«, mischte sich Ricardo ein. »Wir setzen uns hin, als wären wir in der Schule, und wenn wir keine Lust mehr haben, geht die Jagd weiter.«

So kam es, daß aus den Jagdstreifen regelrechte Unterrichtsstunden wurden. Der Lehrer und Ricardo hatten das Spiel gewonnen.

Die eifrigste Schülerin war Iras. Sie lernte sich und dem Lehrer zur Freude. Keine Aufgabe war ihr zuviel. Unermüdlich saß sie über ihren Büchern, als wollte sie selbst einmal Lehrerin werden.

Eines Tages wurde sie ins Haus einer Witwe gerufen, in dem der Lehrer Raymundo Fonsêca ein Zimmer bewohnte. Die Witwe wollte verreisen. »Es ist nicht für lange Zeit«, sagte sie, als Iras neugierig vor ihr stand. »Der Senhor Professor nimmt bei meiner Schwester die Mahlzeiten ein, aber in diesem Haus ist niemand, der sich um ihn kümmern könnte. Er läßt fragen, ob du ihm ein wenig zur Hand gehen willst.«

Bevor Iras wußte, wie ihr geschah, war sie die Wirtschafterin des Lehrers. Sie fegte sein Zimmer aus, sorgte für Ordnung und tätigte für ihn die Einkäufe.

Raymundo Fonsêca schlief mit Vorliebe im Freien. Hinter dem Haus der Witwe befand sich ein Garten mit vielen Melonenbäumen. Dort spannte er zwischen besonders starken Stämmen seine Hängematte aus; auch achtete er jedesmal darauf, daß keine reife Frucht über seinem Kopfe hing.

Eines Tages entdeckte Iras in der Hängematte einen schmutzigen Fleck. Sie knöpfte sie los, reinigte sie und hängte sie wieder unter die Bäume, diesmal jedoch versehentlich unter zwei andere.

An diesem Tag war die Luft besonders schwül. Raymundo kam vom Unterricht nach Hause, warf sich wie zerschlagen in die Hängematte — und bekam im nächsten Augenblick eine kürbisgroße und überreife Melone auf die Brust. Sie platzte und überschüttete ihn mit ihrem gelben Brei und einer Flut von schwarzen Kernen. Verflogen war die Müdigkeit des Lehrers. Er fuhr wild auf und schrie nach dem Negerkind. Iras kam bestürzt herbeigerannt, und als sie ihn sah, mußte sie lachen. Sie lachte, bis ihr die Tränen über die Wangen kullerten. Da tat der Lehrer das, was in diesem Augenblick sicherlich das beste war: er lachte mit.

Iras war durchaus kein Witzbold, doch fiel sie durch ihre unbeabsichtigten Streiche auf. So auch eines Tages, als sie dem Senhor Professor, während er schlief, die Hose wegnahm, um sie zu waschen und auf die Leine zu hängen. Sie konnte nicht wissen, daß er seinen weißen Leinenanzug zum Waschen weggegeben hatte und keine dritte Hose besaß. Als Raymundo erwachte, fehlte ihm die Hose. Er mußte jedoch zur Schule gehen, und kein Mensch war im Haus.

Am Amazonas fällt es nicht auf, wenn ein Mann am hellichten Tag im Schlafanzug herumspaziert, weil der Schlafanzug das luftigste und bequemste Kleidungsstück in den Tropen ist. In Felicidade allerdings war dieser Brauch nicht üblich. Hier trug keiner auf der Straße einen Schlafanzug, weil die meisten gar keinen besaßen.

Raymundo Fonsêca wußte nicht, was er tun sollte. Sein Schlafanzug war noch ziemlich neu. Sollte er es wagen und in diesem Aufzug zum Unterricht gehen? Er fürchtete die kritischen Blicke der Dorfbewohner und den Spott der Kinder.

Notgedrungen mußte er sich für den Schlafanzug entschließen. Mit der gestreiften Jacke über dem weißen Hemd und der zerknüllten Hose wagte er sich auf die Straße hinaus. Zwei Mädchen gingen an ihm vorbei zum Schulhaus, das als vorletztes in der Reihe der anderen weißgetünchten Häuser stand.

Raymundo nahm eine stramme Haltung an. Jetzt galt es, trotz der absonderlichen Kleidung einen guten Eindruck zu erwecken. Leichthin grüßte er einen alten Bekannten. Ricardo kam ihm entgegen und machte große Augen. Raymundo rief ihm ein Scherzwort zu.

Als er das Schulhaus betrat, mußte er sich abermals Mut zusprechen. Mit gespielter Selbstverständlichkeit trat er vor die Kinder hin und beantwortete ihren Gruß.

Iras grüßte nicht. Sie erschrak plötzlich bis ins Herz hinein und rief: »Die Hose!«

Betretenes Schweigen füllte den Raum.

»Was ist mit der Hose?« fragte der Senhor Professor. Wer neben ihm stand, mußte bemerken, daß er sehr blaß aussah.

»Sie hängt auf der Leine«, erwiderte Iras kläglich.

»Na, und?« gab der Lehrer gedehnt zurück. »Ich hätte sie heute sowieso nicht angezogen.« Dann nahm er den Unterricht auf, als wäre es die einfachste Sache der Welt, im Schlafanzug vor seinen Schülern zu stehen.

Ricardo besaß einen Barrigudo, einen Wollaffen, den er abgöttisch liebte. Dieser einjährige schiefergraue Affe wurde, wie fast alle Äffchen in Brasilien, Chico genannt und war der Liebling sämtlicher Kinder. Am meisten fühlte er sich jedoch zu Iras hingezogen. Sie war ruhig, neckte ihn nicht und liebkoste ihn in ihrer sanften Art.

Chico war von Natur aus gutmütig. Obwohl er furchtbare Eckzähne hatte, wußte er sie nicht zu gebrauchen. Wenn ihm ein Kind zu grob wurde, floh er geschwind auf den nächsten Baum. Dort vergnügte er sich ganz allein, jagte über die Äste und wagte die tollsten Sprünge. Nachts schlief er in einer kleinen Hängematte.

Es war nicht verwunderlich, daß Chico durch seine Freundin Iras den Weg zu Raymundo Fonsêca fand. Der Lehrer machte sich zwar nicht viel aus ihm, doch sah er gern seinen Spielen zu. Chico wußte, daß er im Beisein von Menschen brav sein mußte, weil Ricardo jede Dummheit mit einer Ohrfeige bestrafte. Wenn er sich schlecht benahm, floh er entweder durch die Tür oder gar durchs Fenster auf die Straße hinaus.

Es war jedoch ratsam, Chico nicht allein in einem Haus zu lassen. Wenn Ricardo das Dorf verließ, setzte er den Affen einfach vor die Tür. Die Nachbarn kümmerten sich um ihn und ließen ihn nicht verhungern.

Allein im Haus langweilte er sich und kam auf dumme Gedanken. Dann kam es vor, daß er eine Hängelampe als Schaukel benutzte oder in der Küche die wüsteste Unordnung schuf.

Als Raymundo Fonsêca an einem Morgen seine Zahnbürste suchte, dachte er sogleich an Chico, und die Kinder hatten tatsächlich gesehen, wie der Affe mit des Lehrers Zahnbürste die verrostete Kette des Dorfbrunnens putzte.

Ähnlich verhielt es sich mit Raymundos Schuhen. Den einen fand er auf dem Hausdach, während der andere im Abfalleimer lag.

Eines Tages mußte Iras erleben, wie ihr Schützling von dem Senhor Professor eine Tracht Prügel bezog. Chico hatte des Lehrers goldenen Ring gestohlen und sich dabei erwischen lassen. Nach dieser Demütigung verließ Chico das Haus der Witwe, um es nie wieder zu betreten.

EXPEDITION IN NÖTEN! Das war die neueste Nachricht in Felicidade. An den Präfekten war die dringende Bitte ergangen, einer ausländischen Filmexpedition Hilfskräfte zur Verfügung zu stellen. Die Expedition befände sich in südöstlicher Richtung und sei in zwei oder drei Tagesritten zu erreichen.

Guter Rat war teuer. Zwei Karawanen waren unterwegs, mehrere Jäger steckten irgendwo im Sertão, und einige andere bauten ein Haus. João erhielt den Auftrag, mit genügend Leuten und Reittieren aufzubrechen.

Pedro war sofort dabei. Er rannte zu Emilio, aber der hatte sich von dem Schlangenbiß immer noch nicht vollständig erholt. Dafür gesellte sich ein anderer Junge zu ihm, der Nuno hieß. Er war der Sohn eines Kaufmanns.

»Nehmt Äxte und Stricke mit«, riet der Präfekt. »Ich kann mir denken, daß die Autos steckenbleiben.«

Die Regenzeit hatte wieder mit wolkenbruchartigen Güssen eingesetzt. Die Wege waren schlammig und grundlos geworden. Wer um diese Jahreszeit mit Autos unterwegs war, konnte die Fahrzeuge getrost aufgeben und nach Hause gehen.

Fünf Reiter und zwei Packpferde verließen Felicidade. Voraus ritt João. Sie ritten zwei Tage lang in die angegebene Himmelsrichtung und stießen am Morgen des dritten Tages ganz plötzlich auf einen Jeep, der ihnen entgegenkam. Zwei Männer stiegen aus und begrüßten die Reiter. Sie stellten sich als Italiener vor, doch sprachen beide Portugiesisch.

»Und wo befindet sich die Expedition?« fragte João.

»Wir sind vorausgefahren, um den besten Weg zu suchen«, erklärte der eine. »Ein Lastwagen ist hoffnungslos steckengeblieben, zwei andere Wagen befinden sich noch jenseits des Waldstreifens, der dort am Horizont zu sehen ist.«

»Was ist das Ziel Ihrer Reise?«

»Das Ziel haben wir längst aufgegeben. Wir möchten noch über den Tocantins hinaus zum Araguaia. Dort machen wir Schluß.«

»Das ist fast unmöglich, Senhor, denn es gibt keine Straße. Wir besitzen in Felicidade ein Lastauto. Es ist noch ganz neu, aber kein Mensch will mit ihm fahren. Der Weg zum Tocantins ist nur etwas für einen Jeep. Um diese Jahreszeit hat der Weg jedoch Löcher, in denen das Wasser meterhoch steht.«

»Das macht sich filmisch ganz gut«, meinte der eine Italiener. Dann setzten sie sich in ihren Jeep und fuhren weiter.

»Wie es scheint, haben sich diese Leute mit der Regenzeit abgefunden«, sagte João zu seinen Gefährten. »Dann kann es auch uns egal sein, ob sie den Araguaia erreichen oder nicht. Kommt, wir sehen uns den Spaß mal an.«

Sie brauchten nur der Autospur zu folgen, um die anderen Fahrzeuge zu erreichen, die in dem Waldstreifen steckten und bis an die Achsen im Schlamm versunken waren. Acht Männer beschäftigten sich damit, einen Knüppeldamm zu bauen.

»Ah, die Hilfe kommt!« rief der Expeditionsleiter erfreut, als er den Trupp erblickte.

Zwei Brasilianer waren dabei, und der eine erwiderte skeptisch: »Jetzt werden die Fahrzeuge bis übers Dach einsinken, und dann hört die Plackerei für uns auf.«

João hütete sich, den Männern einen Vorschlag zu machen. Er sagte vielmehr: »Nun erklären Sie uns, was wir zu tun haben.«

»Können Sie die Pferde vorspannen?« fragte der Chef.

»Ja, das nötige Zeug haben wir mitgebracht.«

Alle sieben Tiere wurden vor einen Geländewagen gespannt.

Am Anfang ging alles ganz gut. Die Pferde und Maulesel fanden festen Halt und zogen den Wagen tatsächlich aus dem ärgsten Schlamm heraus. Dann stand er jedoch wie auf einer Insel und hatte vor sich einen morastigen Wiesenstreifen. Die Sertanejos schüttelten ihre Köpfe. Sie mißtrauten dem Boden.

»Zieht an!« kommandierte der Chef. Und die Tiere zogen nicht nur an, sondern fuhren den Wagen in den tiefsten Sumpf hinein. Es sah aus, als öffnete sich die Erde. Während die Tiere noch festen Boden fanden, versanken die Räder des Autos, die halbe Karosse verschwand, und der Fahrer fand gerade noch Zeit herauszuspringen, um den Untergang seines Wagens mit anzusehen. João und die anderen Treiber hieben die Seile durch, um die Tiere nicht zu gefährden.

»Ja, so sieht es bei uns im Sertão aus«, sagte João, als wäre weiter nichts geschehen.

»Feierabend«, antwortete der Expeditionsleiter. Ihm lag es fern, den Helfern einen Vorwurf zu machen. Er ärgerte sich nur darüber, daß er diese Szene nicht hatte filmen lassen.

»Es ist ja noch ein Wagen da«, meinte Pedro und erntete das schallende Gelächter der Umstehenden.

Im Grunde genommen waren nämlich alle froh, daß ein Fahrzeug nach dem anderen ausfiel. Wenn die beiden letzten auch noch zum Teufel gingen, dann hatten sie endlich Ruhe. Solange sich jedoch noch vier Räder drehten, mußten sie Bäume fällen, Wurzelstöcke entfernen, Erde schaufeln und schieben, bis ihnen schwarz vor den Augen wurde.

Zu Beginn der Reise hatte alles ganz anders ausgesehen. Sie hatten absichtlich die Straßen gemieden, waren einfach durch die Wildnis gefahren, um Abenteuer zu erleben. Sie filmten ihre Fahrt, Tiere, Menschen, glückliche Zufälle, Pechsträhnen und besondere Ereignisse. Eine Teilnehmerin erkrankte, ein Mann brach das Bein, zwei andere wären beinahe über eine Anakonda gestolpert, und einen Kameramann fiel ein schwarzer Jaguar an. Das waren Abenteuer, wie sie im Buche standen und wie sie sich jeder Regisseur wünschte. Nur die Mücken waren nicht mit eingeplant und machten den Leuten viel zu schaffen.

Als die ersten Regengüsse kamen, sah die Sache anders aus. Da galt die Sorge den belichteten Filmen. Das Abenteuer wurde zur Quälerei, der fröhliche Ruf des Expeditionsleiters zum gräßlichen Fluch.

»Das Steckenbleiben der Fahrzeuge nützt uns gar nichts«, sagte er am Abend, als sie alle an den Lagerfeuern saßen. »Solange wir noch einen Meter unbelichteten Films besitzen, geht es weiter.«

»Ohne Autos?« fragte eine Stimme aus der Dunkelheit heraus.

»Es gibt Kanus, ganz gewöhnliche Einbäume, mit denen man gut und gern tausend Kilometer fahren kann.«

»Man könnte auch reiten«, ließ sich eine zweite Stimme vernehmen.

»Das ist eine ausgezeichnete Idee«, meinte der Chef. »Nachdem zwei Wagen ausgefallen sind, haben sowieso nicht alle in den restlichen Autos Platz. In Felicidade teilen wir die Mannschaft. Wir machen aus ihr eine motorisierte und eine berittene Abteilung.«

Pedro stieß seinen Bruder in die Seite und flüsterte ihm zu: »Das wäre etwas für uns, João, denn ohne Treiber kommen sie ja doch nicht aus.«

Tag für Tag setzte um die Mittagszeit wolkenbruchartiger Regen ein. Schwere Gewitter tobten über der Wildnis, der Sturm peitschte die Bäume und drückte die Menschen fast zu Boden. Kleine Bäche verwandelten sich in Ströme, und die Ströme wälzten lehmige Fluten dem Amazonas zu.

Der Expeditionsleiter hatte es aufgegeben, nach eigenem Ermessen zu handeln. Er nannte als nächstliegendes Ziel Felicidade und überließ es den Sertanejos, den richtigen Weg zu finden.

»Nichts ist einfacher als das«, meinte João. »Wenn die Sonne aufgeht, müssen alle Leute bereit sein. Ich reite voraus, und die Wagen folgen mir.«

Die anderen Sertanejos verzichteten auf ihre Reittiere und ließen die Leute der Expedition aufsitzen. Sie selber verließen sich auf ihre Füße und kamen ebenso schnell voran.

João schlug keine gerade Richtung ein, sondern bevorzugte hügeliges Gelände, wo sich das Regenwasser rasch verlief. Auf diese Weise umging er die trügerischen Senken. Oft genug sprang er aus dem Sattel, um Steine wegzuwälzen oder einen im Wege stehenden Baum zu fällen.

An diesem Vormittag hatte die Expedition ohne größere Schwierigkeiten eine weitere Strecke zurückgelegt als vorher an drei Tagen. Noch bevor der erste Regenguß kam, lagerte die Gruppe im Schutze der beiden Autos und unter wetterfesten Planen. »Gibt es in der Nähe Indianer?« erkundigte sich der Chef bei den Sertanejos.

»Überall kann man ihnen begegnen«, erwiderte João.

»Zeigen sie sich feindlich?«

»Im Augenblick nicht. Es kommt immer auf die jeweiligen Umstände an. Haben sie sich mit einem Weißen gestritten, dann ist ihnen nicht zu trauen.«

»Könnten wir sie besuchen und bei ihnen filmen?«

»Das ist ganz unmöglich. Der Indianerschutzdienst unterhält in der Nähe einen Posten und achtet sehr darauf, daß kein Fremder ohne besondere Genehmigung aus Rio den Stamm besucht.«

»Liegt das im Interesse der Indianer?«

»Der Postenführer sagt es. Auch wir dürfen in ihrem Gebiet nicht jagen.«

»Und was sagen die Indianer dazu?«

»Was sie brauchen, bekommen sie vom Posten. Deswegen richten sie sich nach ihm und lassen keinen Fremden ins Dorf.«

»Und wenn wir es erzwingen?«

»Dann haben die Piranhas und Krokodile fette Tage. Sie müssen immer daran denken, Senhor, daß die Pfeile lautlos fliegen. Den Indianern ist hinterher nichts nachzuweisen.«

»Uff!« machte der Chef und streckte sich auf seinem Feldstuhl, während die ersten Regentropfen auf die Zeltbahn klatschten. »Diese Geschichten sind zwar uralt, aber immer wieder neu. Wenn die Sache nicht so gefährlich wäre, möchte man sie selber einmal erleben. Expedition von Indianern überfallen! Das wäre etwas für den Film.«

Pedro hatte der Unterhaltung zugehört, und als die beiden schwiegen, kicherte er heimlich vor sich hin.

EIN GEFÄHRLICHES SPIEL hatte sich Pedro ausgedacht. Noch behielt er es für sich. Nicht einmal seinen Bruder zog er ins Vertrauen, obwohl er vor ihm keine Geheimnisse hatte.

João sagte noch an diesem Abend zu ihm: »Morgen früh reitest du heim und sorgst dafür, daß die größten Kanus bereitstehen, wenn wir den Fluß erreichen. Wir müssen aus ihnen eine Fähre bauen, um die Autos überzusetzen. Dazu brauchen wir auch mehrere Balken und Bretter. Der Präfekt wird schon wissen, was man dafür verwenden kann.«

Ganz überrascht sah Pedro seinen Bruder an. Er hatte sich nämlich soeben überlegt, wie er unauffällig die Expedition verlassen und ins Dorf zurückkehren könnte. Dort wollte er wieder zur Schule gehen und sich so benehmen, als hätte er mit der Expedition überhaupt nichts mehr zu tun.

»Du kannst dich auf mich verlassen«, sagte er jetzt anscheinend gleichgültig. »Wann werdet ihr dort sein?«

»Am Abend des dritten Tages lagern wir auf dem kahlen Hügel. Bis dorthin geht alles gut, aber nachher wird es wahrscheinlich einige Schwierigkeiten geben.«

»Ihr werdet es schon schaffen.«

Damit wickelte er sich in eine alte Decke und versuchte einzuschlafen. Am nächsten Morgen war er als erster auf den Beinen. Dann fing er eine Mula ein, sattelte sie und ritt davon.

Anderntags saß er auf der Schulbank wie einer, der eifrig beim Lernen ist. Er gab sich sogar Mühe, auf die Fragen des Professors eine Antwort zu geben. Sie war zwar nicht richtig, aber gut gemeint. Raymundo Fonsêca lächelte und gab es nicht auf, ihm etwas beizubringen.

Während einer Pause flüsterte er jedem Jungen unauffällig zu: »Nach dem Unterricht gehen wir baden. Mund halten!« Das genügte, um ihre Neugier zu wecken.

Einige gingen gar nicht erst nach Hause, sondern gleich mit den Schulheften zum Fluß hinab. Sieben Jungen fanden sich dort ein, um auf Pedro zu warten. Der kam pfeifend den Hang herab, als stolziere er wie zufällig daher.

»Was gibt es?« fragten die Kameraden wie aus einem Munde.

»Paßt gut auf, damit uns niemand belauscht«, begann Pedro geheimnisvoll. »Kein Mensch darf etwas von dem erfahren, was wir jetzt besprechen.« Er sah sie an und schwieg.

»Hört gut zu: Die Filmexpedition besteht aus Männern, die hier nicht Bescheid wissen. Einen richtigen Indianer hat bisher keiner gesehen. Der Chef sagte, er möchte einmal einen Überfall erleben, möchte bei den Indianern filmen und Abenteuer bestehen. Nun gut, das kann er haben! Wir verkleiden uns als Indianer und überfallen das Lager; natürlich nachts, damit wir wieder entwischen können. Sie lagern morgen auf dem kahlen Hügel. Das ist nicht weit von hier.«

»Toll!« rief ein Junge begeistert. Die anderen stimmten ihm bei. Auch Emilio war wieder mit von der Partie.

»Die Sache hat einen Haken«, meinte plötzlich Nuno. »Wenn wir anfangen zu schreien, werden sie schießen.«

»Auch daran habe ich gedacht«, beruhigte ihn Pedro. »Die Expedition besitzt drei Gewehre und mehrere Pistolen. Damit sie nicht naß werden, liegen sie in einer Kiste. Es ist eine ganz feste Kiste, an der immer der Schlüssel steckt. Ich werde an diesem Abend im Lager sein, den Schlüssel an mich nehmen und euch ein Zeichen geben, wenn alles klar ist.«

»Was für ein Zeichen?«

»Ich schwenke eine Fackel. Dann stürmt auf das Lager zu, schreit wie verrückt und schafft ein wenig Unordnung. Bevor die Leute richtig munter sind, müssen wir wieder verschwunden sein.«

»Das klingt ganz einfach«, versetzte ein hochaufgeschossener Junge mit pockennarbigem Gesicht. »Was werden aber unsere Leute tun? Die sind nicht so leicht einzuschüchtern wie die anderen.«

»Ich wette, daß sie am Abend nach Hause reiten werden. So nahe beim Dorf, schlafen sie nicht im Freien. João wird vielleicht bleiben, doch kann ich ihn im letzten Augenblick ins Vertrauen ziehen.«

»Und wenn er dagegen ist?«

»Er versteht einen Spaß. Das Ganze ist doch nur ein lustiger

Streich. Meinetwegen können auch die anderen hinterher die Wahrheit erfahren.«

»Wie sollen wir uns verkleiden?« fragte Nuno.

»Wir binden nur einen Lendenschurz um und legen Federschmuck an. Einige nehmen noch einen Bogen und schießen mit stumpfen Pfeilen übers Lager hinweg.«

»Sollen wir reiten?« fragte ein Junge.

Pedro wollte nicht noch einmal weidende Tiere entwenden und riet davon ab, zumal die Indianer weder Pferde noch Maulesel besaßen. So wurde also beschlossen, daß sie sich anderntags bei Einbruch der Dunkelheit treffen werden, um angeblich auf Kaimanjagd zu gehen. Das erweckte daheim nicht den geringsten Verdacht.

Am nächsten Tag ging Pedro nach dem Schulunterricht zu jener Stelle im Sertão, die als kahler Hügel bezeichnet wurde. Dort war die Expedition gerade dabei, das Lager aufzuschlagen. Es war ein sonniger, regenloser Tag gewesen, der den Leuten wenig Kummer bereitet hatte. Sogar ein Hirsch war ihnen vor die Flinte gelaufen, so daß sie am Abend an vollen Fleischtöpfen saßen und sich den Braten schmecken ließen.

Die Sertanejos waren nach Hause geritten und hatten den Expeditionsleiter mitgenommen, der dem Präfekten einen Besuch abstatten wollte. Das war freilich nicht nach Pedros Sinn, weil der geplante Überfall in erster Linie dem Chef gelten sollte. Nun war jedoch nichts mehr zu ändern.

Die Sonne sank hinter den fernen Waldstreifen, rasch brach die Dunkelheit herein. In dieser Nacht war jedoch Mondschein, so daß ein Mensch noch auf dreißig Schritt zu erkennen war.

Für Pedro verlief alles wunschgemäß. Die Männer blieben bei heiteren Erzählungen an den Feuern. Er konnte unbemerkt den Schlüssel der Waffenkiste an sich nehmen, und anschließend blinzelte er vergnügt zu den Sternen empor.

Diese Nacht war jedoch durchaus nicht so friedlich, wie sie den Anschein erweckte. Im offenen Sertão zirpten nur die Grillen, aber im Mato, in den dichten Waldstreifen, ließen sich die

Stimmen der verschiedensten Tiere vernehmen. Da brüllten die Frösche wie bösartige Stiere. Nachtvögel schrien schreckhaft auf, und der Jaguar strich raunzend durch den Busch.

Hier lauerte überall der Tod. Wildkatzen, Ozelote und Pumas schlugen ihre Beute. Selbst die große Wassermutter, die Anakonda, verließ in der Dunkelheit den Fluß, um auf Jagd zu gehen. Sie herrschte, wie Krokodil und Jaguar, über alles Leben im Mato.

Jeder hütete sich, durch den nächtlichen Wald zu gehen. Er blieb am Feuer, dessen heller Schein ihn schützte. Selbst im offenen Sertão fühlte er sich vor den Tieren nicht ganz sicher.

Auf dem kahlen Hügel brannten mehrere Feuer, aber nicht weit entfernt von ihnen huschten dunkle Gestalten von Busch zu Busch. Der Mond warf einen fahlen Schein auf ihre bemalten Gesichter, aus denen kohlschwarze Augen funkelten. Sie trugen Bogen und Pfeile, Keulen aus hartem Holz und gelbblauen Federschmuck an den Armen. Ihre Ohren waren ausgeweitet und mit bemalten Holzscheiben versehen. Einigen hingen sie fast auf die Schultern herab.

Diese dunklen Schatten waren Indianer. Sie bewegten sich lautloser als ein Jaguar und flink wie ein Reh. Manchmal verharrten sie hinter einem Gebüsch und verschmolzen mit ihm zu einem Ganzen.

João war aufgestanden und lauschte in die Nacht hinein. Dreimal hatte er das aufgeregte Schnaufen seiner Mula vernommen. Sie weidete ganz allein, weil die anderen Tiere bereits in Felicidade waren. Damit sie sich nicht weit entfernen konnte, trug sie an den Vorderbeinen eine Fessel.

Wo steckte Pedro? Noch vor kurzem hatte er an einem Feuer gelegen. Langsam schritt João zu seiner Mula.

Auch Pedro hatte das Schnaufen des weidenden Tieres vernommen. Er wunderte sich nicht darüber, weil eine Mula hellhörig ist und auf jedes verdächtige Geräusch anspricht. In diesem Falle bemerkte sie die heranschleichenden Jungen.

Trotzdem kam ihm diese Nacht seltsam vor. Der Himmel war sternenklar, und doch war es, als sei ein schweres Gewitter zu erwarten. Etwas Unheilvolles schwebte über dem Sertão. Unsinn, dachte er, es ist die eigene Unruhe. Aber wozu rege ich mich auf? Wir spielen Indianer, und das ist doch nicht schlimm.

Jetzt war die Zeit gekommen, den Freunden das verabredete Zeichen zu geben. Hoffentlich lagen sie bereits in der Nähe. Er begab sich an eine Stelle, wo er vom Lagerplatz der Expedition aus nicht gesehen werden konnte. Dort entzündete er die mitgebrachte Fackel, einen mit Baumwolle umwickelten und mit Harz getränkten Stock. Mit ausgestrecktem Arm zog er damit Kreise, die weithin leuchteten in der dunklen Nacht.

Minutenlang geschah gar nichts, aber dann wurde es in der Ferne lebendig. Schatten huschten von Strauch zu Strauch, ein Schrei gellte auf. »Indianer!« kreischte eine Jungenstimme.

»Hilfe! Indianer!« kamen andere Stimmen dazu.

Angstgepeitscht flohen sieben Jungen durch den Sertão. Statt das Expeditionslager im Spiel zu stürmen, glaubten sie die Überfallenen zu sein. Da warfen sie ihre kleinen Bogen und Pfeile weg, verloren ihre Schurze und ihren Federschmuck. Nackt rannten sie davon, als säße ihnen der gefürchtete Waldgeist Curupirá im Nacken.

Pedro stand wie versteinert da. Die Fackel hatte er im Nu in den Sand gestoßen und die Flamme erstickt, aber was dort draußen vor sich ging, das begriff er nicht. Er vernahm Hilfeschreie, das Wort »Indianer«, und er glaubte Schatten zu sehen, die sich rasch entfernten.

Im Lager waren die Männer an den Feuern aufgesprungen, und diejenigen, die bereits zur Ruhe gegangen waren, kamen verschlafen dazu.

»Was ist los?« riefen alle, ohne daß sie eine Antwort erhielten.

João hatte sich auf den Rücken seiner Mula geworfen und kam ins Lager gesprengt. »Ruhe!« rief er entschlossen. »Nicht schießen! Wenn ein Schuß abgegeben wird, sind wir verloren. Ich sehe nach, was geschehen ist.«

Als er langsam durch den Sertão ritt, war ihm durchaus nicht wohl zumute. Er konnte sich den Vorfall nicht erklären. Wer war auf die Indianer gestoßen? Wo steckten die gefürchteten roten

Söhne der Wildnis? Waren sie tatsächlich in feindlicher Absicht gekommen, und mußte er mit einigen Pfeilen rechnen? Deswegen blieb er in der Nähe des Lagers, umritt es und kehrte wieder zurück.

Die Männer erwarteten ihn voller Ungeduld. Sie wollten wissen, wie sie sich verhalten sollten. Am liebsten wären sie aufgebrochen, um die Rothäute zu vertreiben.

»Es besteht kein Grund zur Sorge«, beruhigte sie João. »Tatsache ist, daß irgendwer auf Indianer gestoßen ist. Vielleicht sind indianische Jäger hier vorbeigekommen, oder die Schreihälse haben uns für Indianer gehalten und sind geflohen. Es ist ganz ausgeschlossen, daß die Indianer, mit denen wir seit vielen Jahren in Freundschaft leben, uns überfallen wollen. Legen Sie sich getrost hin, Senhores, und glauben Sie mir.«

Pedro stand plötzlich neben ihm und zupfte ihn am Ärmel. João tat so, als wolle er die Mula wieder auf die Weide schicken. In Wirklichkeit entfernte er sich nur ein kleines Stück, um mit seinem Bruder ungestört sprechen zu können.

»Weißt du, was da draußen vorgefallen ist?« fragte er leise.

»Nicht alles«, gestand Pedro, und dann erzählte er von dem geplanten Überfall.

»Du, das war keine gute Idee«, meinte João, obwohl er heimlich lachte. »Die Leute haben sich den ganzen Tag lang geplagt und sind müde. Obendrein hätten sie schießen können.«

»Das konnten sie eben nicht«, meinte Pedro. »Ich hatte den Schlüssel von der Waffenkiste abgezogen und habe ihn nachher wieder angesteckt. Was sollen wir jetzt tun?«

»Nichts. Morgen früh gehst du ganz zeitig ins Dorf und zur Schule, als wäre überhaupt nichts vorgefallen. Die Jungen werden vollzählig zur Stelle sein, darauf kannst du dich verlassen.«

»Aber weshalb haben sie so geschrien? Sie müssen auf Indianer gestoßen sein.«

»Wahrscheinlich, weil die Indianer seit Tagen hinter der Expedition her sind, um sie zu beobachten. Ich wette, daß sie jetzt spurlos verschwunden sind wie die Jungen. Mit diesem Zusammentreffen haben auch sie nicht gerechnet.«

DIE FORTSETZUNG DER EXPEDITION war noch lange nicht in Frage gestellt. Solange noch ein Fahrzeug gebrauchsfähig war, wollten die Teilnehmer durchhalten. João und mehrere andere Sertanejos sollten sie weiterhin begleiten.

Die Jungen von Felicidade standen diesem Vorhaben ziemlich gleichgültig gegenüber. Nach dem nächtlichen Zwischenfall hüteten sie sich, den Expeditionsleuten zu begegnen. Der Schreck war ihnen mächtig in die Glieder gefahren, doch schämten sie sich hinterher ihrer Furcht. Keiner wollte geschrien haben, und geflohen waren sie angeblich nur, um die anderen nicht im Stich zu lassen. Sie wälzten alle Schuld auf Pedro, ohne ihm ernstlich böse zu sein.

»Während ihr ausgerissen seid, bin ich mit João weit durch den Sertão gegangen«, schnitt Pedro auf. »Von Indianern sahen wir keine Spur. Ihr habt euch gegenseitig für richtige Indianer gehalten und seid vor euch selbst davongelaufen.«

Das bestritten zwar die anderen, doch waren sie sich ihrer Sache nicht sicher. Keiner wußte, wer zuerst zurückgerannt war, aber fast alle wollten Indianer gesehen haben. Sie waren um ihr Leben gelaufen, bis sie den Fluß erreichten, wo sie ihre Hemden und Hosen im Gebüsch versteckt hatten.

Die Expeditionsteilnehmer sorgten dafür, daß der nächtliche Spuk bekannt wurde. Der Präfekt versprach eine Aufklärung des Falles und nahm sich zuerst João und Pedro vor, die während des angeblichen Überfalls im Lager gewesen waren.

»Ich weiß nichts von einem Überfall«, sagte João. »Vielleicht ist einer von den Leuten weggegangen, wie es manchmal üblich ist, und glaubt, etwas Verdächtiges gesehen zu haben. Diese Männer kennen sich ja im Sertão nicht aus. Wenn ein Vogel schreit, denken sie gleich an Indianer.«

»Aber ihr selbst habt die Schreie vernommen?« fragte der Präfekt.

»Natürlich hörten wir sie. Als wir dann nachsahen, fanden wir keine Menschenseele.«

»Glaubt ihr an Indianer?«

»Ich glaube schon, daß sie die Expedition beobachtet haben,

aber an einen Angriff haben sie nicht gedacht. Den hätten sie viel früher durchführen können und nicht erst hier in der Nähe von Felicidade.«

Das leuchtete dem Präfekten ein. Er glaubte nunmehr selbst an eine Täuschung der Expeditionsteilnehmer und sprach mit ihnen wie mit kranken Kindern. Darüber ärgerte sich der Expeditionsleiter, und er erklärte seinen Leuten gegenüber, der Präfekt sei ein ausgemachter Trottel. Ein Sertanejo hatte diesen Ausspruch aufgeschnappt und hinterbrachte ihn schleunigst dem Präfekten, der wutschnaubend auf Rache sann.

Dieser Sertanejo war ein armer Teufel, der eine große Familie ernähren mußte und der bei den Kaufleuten immer tief in Schulden stand. Er hörte auf den Namen Humberto. Ihn lud der Präfekt zu einem Cafesinho ein, und als sie beim Mokka saßen, sprach der Ortsgewaltige mit seiner sanftesten Stimme: »Gott ist für die Gerechtigkeit, doch kann er nicht alles sehen, was hier auf Erden geschieht.«

»Oh, er sieht alles«, widersprach Humberto, weil er glaubte, als guter Katholik widersprechen zu müssen.

»Mit Kleinigkeiten kann sich unser Herrgott nicht befassen«, fuhr der Präfekt immer noch mit sanfter Stimme fort. »Wenn du zum Beispiel einen Käfer zertrittst, nimmt dir der liebe Gott diese kleine Sünde nicht übel, obgleich er den Käfer ebenso erschaffen hat wie dich selbst. Diese Nichtigkeiten überläßt er uns, und wir müssen ein wenig für Ordnung sorgen. Wohin kämen wir sonst, Humberto?«

»Das ist wahr«, bestätigte dieser.

»Und jede Untat muß bestraft werden, Humberto.«

Humberto dachte über alle seine kleinen Sünden nach und wußte nicht, worauf der Präfekt anspielte.

»Man muß gerecht sein, gerecht urteilen und gerecht bestrafen«, erklang dicht vor ihm die Stimme des Präfekten.

Humberto fing an zu schwitzen. Er hatte kürzlich im Fluß eine Sprengladung losgelassen und auf diese Weise eine Unmenge Fische erbeutet. Das war natürlich ein großes Vergehen, weil die Fische geangelt werden sollten.

»Selbst der Gastfreundschaft sind Grenzen gesetzt«, fuhr der Präfekt fort.

Humberto horchte auf, weil er seit langem keinen Gast beherbergt hatte.

»Wer sich als Gast ungebührlich aufführt, hat das Recht auf Freundschaft verwirkt«, meinte der Präfekt. »Oder was sagst du dazu, Humberto?«

»Das ist wahr«, beeilte sich dieser zu versichern.

»Ich wußte, daß du gerecht sein würdest. Deswegen werden wir gemeinsam richten.«

»Ja, das werden wir«, sagte Humberto, jedoch ohne zu wissen, was damit gemeint war.

»Wirst du der Expedition behilflich sein?« fragte der Präfekt mit leiser Stimme.

»Darauf können Sie sich verlassen! Ich werde alles tun, was die Leute wollen.«

»Das sollst du eben nicht!« donnerte der Präfekt, indem er die Faust auf den Tisch fallen ließ und beinahe die Mokkatasse zertrümmert hätte.

Humberto erschrak, nahm beide Hände vom Tisch und wollte sich erheben. Der Präfekt legte beruhigend die Hand auf seinen Arm und fuhr schon wieder mit sanfter Stimme fort: »Du verstehst mich nicht ganz, Humberto. Der Expeditionsleiter ist ein ganz großer Schurke. Er hat uns alle beschimpft. Willst du das durchgehen lassen?«

»Soll ich ihn umbringen?« fragte Humberto. Er fing wieder an zu schwitzen und rückte auf seinem Stuhl hin und her.

»Ich sagte dir doch, Humberto, daß Gott uns nur die kleinen Sünden zur Bestrafung überläßt. Töten darfst du nicht; dazu hast du kein Recht. Der Expeditionschef ist ein Schelm, der einen Schelmenstreich verdient. Weiter nichts, verstehst du? Keine Gewalt, Humberto, und kein Aufsehen. Ein Boot kentert, und die ganze Expedition fällt buchstäblich ins Wasser. Was sagst du dazu?«

»Wir lassen sie ins Wasser fallen.«

»Du wirst eine Mannschaft führen, die für das Übersetzen am

Tocantins zu sorgen hat. Keine Angst, denn die Verantwortung übernehmen wir nicht. Ich habe den Chef vor dem Tocantins gewarnt. Nun gut, er will es erzwingen. Ihr tut euer Bestes, benützt große Kanus, verbindet sie mit zwei Pfosten und vertaut sie. Aber nicht zu fest, Humberto! Auf dem Fluß rudert ihr kräftig, und die Strömung sorgt dafür, daß die Kanus vorne auseinandergehen und das Auto ins Wasser fällt. Ist das klar?«

»Sonnenklar, Präfekt!« bestätigte Humberto.

»Dann reist du morgen los, nimmst genügend Leute mit und wartest auf die Expedition. João wird sich nicht um das Übersetzen kümmern. Wenn alles klappt, werde ich einige deiner Schulden tilgen.«

Als Humberto ging, rieb sich der Präfekt vergnügt die Hände. Er wußte, daß er sich auf Humberto verlassen konnte.

Der Präfekt war keinesfalls ein schlechter Mensch. Er war freundlich zu jedermann und half jedem, der mit kleinen oder größeren Wünschen zu ihm kam. Daß er kein großer Held war, lag in seinem Wesen. Statt zu jagen, las er Bücher, und an Stelle großer Sporen trug er gern Lackschuhe. Seine Mutter war bereits sehr zart und sanft gewesen und hatte es nicht geduldet, daß er mit gleichaltrigen Jungen spielte. Nun war er erwachsen, der mächtigste Mann des Bezirkes und immer bestrebt, ordentlich und gerecht zu sein. Kein Mensch konnte ihm etwas Schlechtes nachsagen.

Daß er jetzt auf Rache sann, glaubte er vor sich und Gott verantworten zu können. Ein anderer Mann seines Standes hätte denjenigen umgebracht, der es wagte, ihn einen Trottel zu nennen. Der Präfekt verzichtete auf Gewalt, doch wollte und mußte er sich rächen, um als Ehrenmann bestehen zu können. Er fühlte sich als Herrscher in seinem kleinen Reich, und er glaubte menschlich zu handeln, wenn er die ihm angetane Schmach nur durch einen kleinen Unfall vergelten ließ.

Humberto war für ihn der richtige Mann. Dieser arme Teufel kam durch eine kleine Gefälligkeit aus den gröbsten Schulden heraus und blieb dabei, nach dem Gesetz der Wildnis, der Diener einer gerechten Sache.

Der Präfekt wollte keinen Mord, nicht einmal einen Verletzten, sondern lediglich ein Auto verschwinden lassen. Ein Auto war ein totes Ding und wog, seiner Meinung nach, kaum ein böses Schimpfwort auf. Daß bei diesem Unfall ein Mensch ums Leben kommen konnte, fiel ihm nicht ein. Das stand außerhalb seines Planes.

Humberto würde dafür sorgen, daß alles nach Wunsch verlief. Humberto war ein zuverlässiger Mann, denn er war nicht bösartig, sondern handelte als treuer Untertan des Präfekten, der bei allen Menschen hoch in Ehren stand. Außerdem war es für alle Expeditionsteilnehmer ein großer Gewinn, wenn sie ihren dritten Wagen einbüßten. Wenn alle Fahrzeuge verlorengingen, war für sie die anstrengende Reise zu Ende, und sie konnten nach Hause fahren, um wie ordentliche Christenmenschen zu leben.

Mit reinem Gewissen und unbeschwert ging Humberto seiner Aufgabe nach. Er suchte sich drei kräftige Sertanejos aus und ritt mit ihnen zum Tocantins, wo er vier große Kanus auftrieb, die er zu einer Fähre verband. Seine Helfer gingen ihm unverdrossen zur Hand. Sie verknoteten die Taue und wollten obendrein große Nägel einschlagen, damit alles recht fest und dauerhaft wäre.

Humberto schüttelte über soviel Unvernunft den Kopf. Er verbat sich die Nägel, knotete, als er allein war, alle Taue wieder auf, versah die aufliegenden Seiten der Pfosten mit Fett und verband Hölzer und Kanus so miteinander, daß alles bereits beim ersten Versuch auseinanderfallen konnte.

Keiner bemerkte den Betrug, und keiner kam auf den Gedanken, die Knoten noch einmal zu überprüfen. Die Wagen erschienen am Ufer des Tocantins, wo viele Menschen zusammenliefen, um das Übersetzen zu erleben. So etwas war schließlich noch nicht dagewesen. Autos fuhren über den Fluß, der um diese Jahreszeit Hochwasser führte und der drohend lehmig und reißend aussah. Dieses Schauspiel ließen sich nicht einmal die Leute von Felicidade entgehen. Sie kamen einen Tag weit durch die Wildnis gelaufen, obwohl sie im Freien übernachten mußten, weil die wenigen Häuser an diesem Platz gar nicht alle aufnehmen konnten.

Humberto gab seine Anweisungen wie ein Feldherr. Er drängte zur Überfahrt, weil die Nacht nahe war. Der zweite Wagen sollte am nächsten Morgen übergesetzt werden.

»Beeilt euch!« feuerte er seine Leute an. »Schiebt den Wagen auf die Fähre. Vorsicht! Nehmt euch doch in acht! Wenn dem Auto etwas geschieht, bin ich ruiniert.«

Der Expeditionschef sah sich genötigt, dem armen Humberto die Verantwortung abzunehmen, denn schließlich sei er der Leiter des Ganzen. Humberto atmete auf, doch tobte er auf seine Art weiter.

Endlich stand der Wagen auf den Kanus, die tief und schwer im Wasser lagen. Die vier Sertanejos ergriffen die Paddel und schrien die Leute an, die zu ihnen in die Boote kommen wollten.

»Wünscht ihr, daß wir alle zum Teufel fahren?« brüllte Humberto und schlug ein Kreuz, weil er im nächsten Augenblick seine Worte bereute.

»Fahrt endlich los!« rief der Expeditionsleiter ungehalten von seinem erhöhten Standpunkt aus.

Senhor Orestes Olympio Alcantara Pinto, der Victor genannt wurde, hatte im Heck der Fähre einen starken Außenbordmotor anbringen lassen, der von seinem Sohn Alfonso bedient wurde. Als die behelfsmäßige Fähre abstieß, befanden sich fünf Personen an Bord.

Die Expeditionsleitung hatte beschlossen, die beiden Wagen unbeladen überzusetzen und das viele Gepäck in einzelnen Kanuladungen ans andere Ufer zu schaffen. Da außer den Fährbooten nur noch ein Kanu vorhanden war, ging viel Zeit verloren. Jetzt sollte dieses kleinere Kanu, das mit einem alten Motor ausgerüstet war, die Fähre begleiten und sich notfalls vorspannen.

Die am Ufer zurückgebliebenen Menschen erwarteten voller Erregung einen Zwischenfall. Sie wünschten zwar keinen Unfall herbei, doch wollten sie nicht vergeblich von Felicidade bis zum Tocantins gelaufen sein. Ein glattes Übersetzen wäre für sie viel zu langweilig gewesen.

Der Expeditions-Kameramann hatte seinen Apparat aufgebaut,

ein Teleobjektiv eingeschraubt und die Belichtung gemessen. Die ersten Meter waren bereits durch die Kassetten gelaufen.

»Das muß ja gut gehen«, sagte der Chef, als wollte er sich selber Mut zusprechen. »Auf diese Männer kann man sich verlassen.«

Genau dasselbe sagte sich auch der Präfekt, der abseits der vielen Leute am Ufer stand und dem Treiben zusah. Ganz unbemerkt war er aufgetaucht und hielt sein Pferd am Zügel, als befände er sich in großer Eile.

Pedro, Nuno und Emilio wuchteten an einem gesunkenen Kanu, das eigentlich viel zu morsch war, als daß es noch hätte benutzt werden können. Sie wollten jedoch alles versuchen, um draußen auf dem Strom mit dabeizusein.

Es war ein großartiges Schauspiel, wie das Auto anscheinend mühelos über das aufgewühlte Wasser glitt. Selbstverständlich wurde es von der gewaltigen Strömung abgetrieben, doch hatte das nichts zu sagen, weil der gegenüberliegende Landungsplatz ein gutes Stück abwärts lag. Dort war es möglich, die Fahrzeuge fast ohne Schwierigkeiten an Land zu bringen. Vier Männer warteten bereits an dieser Stelle, um die Fähre in Empfang zu nehmen.

Humberto schwitzte. Er hatte sich die Sache einfacher vorgestellt. Statt daß die Kanus sich voneinander lösten, hielten sie wie festgenagelt zusammen. Je zwei waren miteinander gut verbunden und bildeten die Schwimmer für die Plattform aus Pfosten und Brettern, auf welcher der Wagen stand. Wenn nicht bald etwas geschah, erreichten sie tatsächlich ohne Zwischenfall das andere Ufer. Dann hatte Humberto nichts zu lachen. Was hätte er dem Präfekten sagen sollen?

Noch befand sich die Fähre in der reißenden Strömung des Flusses. Gleichmäßig tuckerte der Motor. Humberto kniete vorn in einem Kanu und hielt nach treibenden Baumstämmen Ausschau. Um diese Jahreszeit geschah es allerorts, daß Uferwände einstürzten und Bäume in die Fluten rutschten. Entweder blieben sie irgendwo hängen, oder sie trieben tagelang stromab.

Im Augenblick war nicht einmal ein schwimmender Ast zu sehen. Humberto schwitzte und kühlte sich mit einer Handvoll Wasser sein Gesicht. Weil die Fähre trotz der eingefetteten Pfosten und der leichten Vertäuung zu halten schien, mußte er einen Ausweg finden. Kein Baumstamm ließ sich sehen, doch gab es viele, die knapp unter dem Wasserspiegel blieben und die gefährlicher waren als die sichtbaren. Das wußte jeder Mensch, der nur einigermaßen mit der Wildnis vertraut war.

Da schrie Humberto laut nach hinten: »Halte gegen den Strom! Stromauf, Alfonso!« Seine Arme wirbelten durch die Luft, als drohe er über Bord zu fallen.

Alfonso riß den Schwenkmotor herum. Sein Kanu und das mit diesem verbundene gehorchten dem Druck, während die anderen beiden eigenwillig die alte Richtung beibehielten. Die Folge war, daß sich die Taue lösten und die Pfosten verrutschten. Das Weitere verlief so schnell, daß nur zwei Sertanejos einen kurzen Schrei ausstoßen konnten und der an Land stehende Kameramann nicht schnell genug auf den Auslöser drükken konnte: Das Auto klatschte ins Wasser und war wie ein Spuk verschwunden.

Bevor es untertauchte, zertrümmerte es jedoch noch ein Kanu. Die drei anderen hüpften und schaukelten, als wollten auch sie in die Tiefe gehen. Humberto faßte sich zuerst. Er hieb die Taue durch, die das zertrümmerte Kanu hielten, und nannte Alfonso einen guten Maschinisten. »Fein hast du das gemacht«, wiederholte er anscheinend grimmig. »Jetzt sei so gut und fange die abtreibenden Kanus wieder ein. Das Auto ist weg und kommt nicht wieder.«

»Du hast doch gesagt ...«, wehrte sich Alfonso.

»Du mußt doch wissen, wie man zu fahren hat. Ich sah einen Baumstamm und mußte einen Zusammenstoß verhindern, aber du hast zu hart gegen den Strom gesteuert. Trotzdem werden wir zusammenhalten und auf deiner Seite stehen. Wir sind aufgefahren, und dabei ist es geschehen. Oder was sagen die anderen dazu?«

Alle Sertanejos waren der Meinung, einen Stoß verspürt zu haben. Nein, um diese Jahreszeit war dem Tocantins nicht zu trauen. Das wußten alle Männer, und nicht umsonst hatte der Präfekt den Expeditionschef gewarnt.

Um dieselbe Zeit jagte ein Schimmel in Richtung Felicidade durch den Sertão. Auf seinem Rücken saß der Präfekt. Francisco Alfieri hatte ihm das vortreffliche Tier geliehen, damit er noch an diesem Tag wieder nach Hause kam. Der Schimmel wieherte, und der Präfekt sang, als habe er das große Los gewonnen.

Nach diesem Erlebnis saß die Expedition ohne Fährleute da. Die Sertanejos hatten ihr Bestes getan und dennoch den Verlust des Wagens nicht verhindern können. Ein zweites Mal wollten sie ihr Leben nicht aufs Spiel setzen. Alle Leute waren plötzlich verschwunden, selbst Senhor Victor legte sich in seine Hängematte und wollte von der Welt nichts sehen.

Für die Expedition war unerwartet eine neue Lage entstanden. Sie verfügte nur noch über ein Fahrzeug und über zu viele Teilnehmer. Nach langer Beratung wollte der Chef mit seinem Kameramann und drei berittenen Kameraden die Reise fortsetzen. Streckenweise sollten ortskundige Caboclos die Expedition unterstützen.

»Und wie bringen wir die zurückbleibenden Teilnehmer nach Hause?« erkundigte sich der Chef bei Senhor Victor, der ungerührt in seiner Hängematte lag.

»Das ist sehr einfach«, antwortete der. »Um diese Zeit ist kein größeres Fahrzeug auf dem Tocantins zu erwarten. Dagegen ist es möglich, nach dreitägigem Ritt einen Flugplatz zu erreichen.«

»Wird das schwierig sein?« fragte der Expeditionsleiter mißtrauisch.

»Nein, wenn nicht ein Wolkenbruch dazwischenkommt. Nach drei Tagen erreichen Ihre Leute eine Siedlung am Fluß, setzen an dieser Stelle über, bekommen andere Pferde und reiten nur noch zwei Stunden bis zum Flugplatz. Dort landet eine Maschine zweimal wöchentlich.«

»Wer stellt die Begleitmannschaft?«

»Fragen Sie die Leute. Im Augenblick sind genügend hier. Der junge Mann, der João genannt wird, ist ein zuverlässiger Bursche. Wenn Sie ordentlich bezahlen, stehen Ihnen die besten Reittiere zur Verfügung.«

Die Expeditionsleute waren über diesen Vorschlag nicht sehr erbaut. Sie kannten den Sertão nun ein wenig, die Regengüsse und nächtlichen Lager. Ihnen wäre es lieber gewesen, mit einem guten Flußboot stromab zu fahren. Jetzt blieb ihnen jedoch keine andere Wahl, als in den sauren Apfel zu beißen. João erklärte sich bereit, den Trupp zu führen.

Damit hatte die Restexpedition, die die Reise fortsetzen wollte, noch lange nicht die andere Seite des Tocantins erreicht. Die Sertanejos weigerten sich, noch einmal ein solches Wagnis einzugehen. Erst als der Chef eine hohe Belohnung versprach, überlegten es sich die Männer. Ricardo war es schließlich, der eine neue Bootsmannschaft zusammenstellte. Er war der Meinung, daß eine Jaguarjagd nicht ungefährlicher sei, und welcher Sertanejo scheute sich schon, eine Onça anzugehen, wenn es sein mußte?

Pedro, Nuno und Emilio waren gleich dabei. João hatte mit der Zusammenstellung seiner Reittiere zu tun, aber dann erboten sich noch zwei Männer, der Kanumannschaft zu helfen. Zuerst galt es, das gesunkene, morsche Kanu auszubessern, um das zertrümmerte Boot zu ersetzen. Diesmal zimmerten die Männer eine Fähre zusammen, die dem stärksten Wasserdruck standhalten sollte. Mit großer Umsicht leitete Ricardo alle Arbeiten. Schließlich stand das letzte Expeditionsauto auf der neuen Fähre.

Nur wenige Leute waren am Ufer, um diesem letzten Versuch beizuwohnen. Senhor Victor blieb in seiner Hängematte liegen, weil er nicht die geringste Verantwortung an diesem Unternehmen tragen wollte. Humberto und die anderen Einwohner von Felicidade befanden sich längst wieder daheim im Dorf.

Ricardo ließ beide Motoren in den Kanus anbringen, denn er mußte auf ein Begleitboot verzichten. Sie verteilten sich in den Kanus und fuhren los.

Der Tocantins führte Hochwasser und war viele Meter tief. Was sich unter seiner lehmbraunen Oberfläche abspielte, war sehr ungewiß. Da gab es nicht nur die drei Meter langen Pirarucú, Piranhas und Zitteraale, sondern treibende Baumriesen, die nicht einmal mit einem Ästchen herausragten. Sie lagen seit vielen Wochen im Wasser, vielleicht sogar seit Jahren, und waren abgestorben und vollgesaugt.

Die Fähre kam gut voran. Sie hatte etwa zehn Meter Wassertiefe unter sich. Pedro dachte daran, was er mit der guten Bezahlung anfangen konnte. Wenn er nicht gar zu wählerisch war, reichte sie für ein neues Hemd. Jetzt stand er vorn in einem Kanu und beobachtete das Wasser.

Außer den beiden Maschinisten hatte keiner von der Besatzung etwas zu tun. Die Maschinisten waren tatsächlich als solche ausgebildet und hatten ihre Prüfung abgelegt. Sie konnten auch mit größeren Motoren umgehen. Wenn sie Geld brauchten und vor allem Lust dazu verspürten, gingen sie nach Carolina oder Belém auf ein größeres Boot.

Für Pedro war der Tocantins ein unheimliches Wasser. Er fürchtete sich nicht vor ihm, doch hegte er nicht den Wunsch, Maschinist oder gar Lotse zu werden. Für ihn war das Flüßchen bei Felicidade ein vertrautes Gewässer, das keine Geheimnisse barg. Genauso dachten wahrscheinlich seine Gefährten Nuno und Emilio, die im Heck der Kanus saßen. Nuno stand auf und beschäftigte sich mit dem Auto.

Plötzlich schäumte das Wasser. Kahle Äste schnellten empor und peitschten durch die Luft. Rauschend stieg ein gewaltiger Baumwipfel aus der Tiefe.

Die Fähre erhielt einen kräftigen Stoß; die Maschinisten stoppten die Motoren. Alle Männer waren aufgesprungen, aber keiner wußte, was sie im Augenblick tun konnten, um das drohende Unheil abzuwehren.

»Mann über Bord!« schrie Alfonso.

Tatsächlich war Nuno verschwunden. Unmittelbar darauf tauchte er neben der Fähre wieder auf und fing an zu schwimmen. Da ihn die Strömung erfaßte, geriet er unter die Äste des aufgetauchten Baumes. Notgedrungen packte er zu und schwang sich hinauf.

»Weg vom Baum!« schrie Alfonso mit überschnappender Stimme. Da war es auch schon zu spät. Der Baum drehte sich und zog Nuno mit unters Wasser. Die letzten Zweige verschwanden in der Tiefe. Gurgelnd schloß sich der Tocantins über dem Urwaldriesen, als wäre überhaupt nichts geschehen. Die Fähre glitt stromab, und wie erstarrt blickten die Männer dorthin, wo Nuno inmitten der dürren Äste verschwunden war.

Alfonso war ein erfahrener Bootsmann. Er faßte sich zuerst, warf seinen Motor an und brachte die Fähre aus der Gefahrenzone heraus. Jeden Augenblick konnte die Baumleiche abermals auftauchen und ein neues Opfer fordern.

Pedro stand sprungbereit vorn in seinem Kanu. Sobald er auch nur einen Zipfel seines Freundes erblicken würde, wollte er ihm zu Hilfe kommen. Doch nichts war zu sehen, die Zeit verging.

Alfonso hatte abermals den Motor gedrosselt, um in der Nähe der Unfallstelle zu bleiben. Als sich nichts von Nuno zeigte, warf er den Motor wieder an. Die Fähre mußte an der vorgeschriebenen Stelle das Ufer erreichen oder an dem dichtbewaldeten Urwaldrand weitertreiben, bis sie irgendwo auflief oder auseinanderbrach.

Jetzt kamen auch die anderen zur Besinnung. Der zweite Maschinist riß ebenfalls seinen Motor an, während die Männer zwei leere Benzinkanister über Bord warfen, um Nuno im Falle des Auftauchens eine Rettungsmöglichkeit zu geben.

»Er kommt nicht mehr hoch«, rief Alfonso durch den Motorenlärm. »Was die Baumleichen gepackt haben, halten sie fest. Nehmt die Hüte ab, Leute, denn Nuno seht ihr nicht wieder.«

REITEN, REITEN, tagelang reiten und immer im Regen, in Sturm und Gewitter. Das war für alle kein Vergnügen. Da ließen sogar die besten Reittiere die Ohren hängen.

João ritt unentwegt voraus. Er gönnte dem Trupp kaum eine kleine Rast, weil er fürchtete, daß einer der Männer erkranken könnte. Bis jetzt war alles gut gegangen. Die ausgebooteten Ex-

peditionsteilnehmer verhielten sich musterhaft. Nicht einer murrte. Wenn sie abends an den Feuern saßen, sagten sie nicht viel; sie aßen, wickelten sich in ihre feuchten Decken und schliefen ein. Pedro mußte die Tiere versorgen, während Ricardo in erster Linie für die Beköstigung verantwortlich war. Er jagte, kochte und briet das Fleisch am Spieß.

In der Nacht brauchten die Männer kaum zu wachen. Keinem Tier fiel es ein, einen so großen Trupp anzugreifen. Selbst die weidenden Mulas und Pferde waren einigermaßen sicher.

Pedro mußte immerzu an Nuno denken, der auf dem Grunde des Tocantins den Piranhas und Krokodilen zum Fraße gedient hatte. Das war kein rühmlicher Tod für einen Jungen aus dem Sertão.

Nach diesem Unfall hatte es am Ufer einen heftigen Streit gegeben. Die Leute weigerten sich, für die Expedition noch einen Handgriff zu tun. Senhor Victor beschwor João, die Unglücksraben, wie er die Expeditionsteilnehmer nannte, schnellstens wegzubringen. João stand jedoch ohne Begleiter da. Allein konnte er den Trupp nicht führen. Da sagten Ricardo und Pedro zu und gingen mit.

Sie ritten in den grauverhangenen Tag hinein. Sturm peitschte die Bäume und schlug den Reitern entgegen, Regen prasselte zur Erde. Die Nacht war nicht viel besser, und der nächste Tag glich dem vorangegangenen.

An der gedrückten Stimmung war jedoch nicht das schlechte Wetter schuld, sondern der Tod des Jungen aus Felicidade. Die Expeditionsleute fühlten sich mitschuldig, obwohl keiner von ihnen darauf bestanden hatte, die Autos über den Fluß zu bringen. Immer wieder kamen sie darauf zu sprechen.

Ricardo winkte ab und behauptete: »Seiner letzten Stunde entgeht keiner. Gott wird schon wissen, was er will.«

Ricardo setzte sich in der zweiten Nacht zu João und Pedro. Er schwieg eine Zeitlang, bevor er sagte:

»Ich sah am Abend eine Rauchwolke. Sie stand genau vor uns und ganz dünn am Horizont.«

»Du meinst . . .«

»Pst! Nennt sie nicht beim Namen. Wir müssen aufpassen und dürfen die anderen nicht beunruhigen. Morgen früh packen wir sämtliche Waffen weg, um sie angeblich vor dem Regen zu schützen. Nur ich nehme meine Winchester und reite voraus.«

»Darf ich mitkommen?« fragte Pedro.

»Ja, warum nicht. Zwei sehen mehr als einer.«

Als der Morgen graute, brachen die beiden auf. Sie besaßen ausgeruhte Pferde. Pedro hatte sich mit Joãos altem Schrotgewehr bewaffnet. So sahen sie aus wie zwei Jäger, die nach Wild Ausschau hielten.

Nachdem sie eine Weile geritten waren, fragte Pedro, indem er an der Seite Ricardos blieb: »Hast du eine Ahnung, welchem Stamm sie angehören könnten?«

»Wahrscheinlich gehören sie zur großen Familie der Gé. Genaues weiß man nie. Ich war mal drüben am Araguaia und stieß auf Tapirapé. Sie sollten ganz friedlich sein, hatte man mir gesagt, aber nachts flogen mir einige Pfeile um die Ohren.«

»Befinden wir uns im Gebiet eines Stammes?«

»Nahebei jagen die Purúcará. Sie kommen jedoch selten über den Fluß herüber.«

»Willst du, daß sie uns sehen?«

»Nach Möglichkeit umgehen wir sie. Sie greifen uns keinesfalls an, doch könnte einer der Unsrigen ein wenig Angst bekommen. Was tut einer in seiner Angst? Er schießt, und wenn er keinen Schießprügel besitzt, macht er eben eine andere Dummheit. Die Indianer können dann sehr gefährlich sein. Dann nützt dir die beste Schußwaffe nichts.«

»Lieber sterben statt töten«, bemerkte Pedro.

»So ähnlich lautet der Spruch des Schutzdienstes. Danach mußt du dich dein Leben lang richten, selbst wenn du dich mit den Indianern verkrachen solltest. Lache ihnen ins Gesicht, sei fröhlich und guter Dinge, auch wenn dich die Wut packt. Der Indianer liebt die Fröhlichkeit.«

»Ich werde mich danach richten«, versprach Pedro und ließ den Freund vorausreiten.

Ricardo strebte einem Hügel zu. Von dort aus hatte man einen weiten Blick über den Sertão hin. Sie brauchten nicht lange zu suchen, um die Indianer zu entdecken. An zwei Stellen kräuselte heller Rauch empor.

Ricardo und Pedro standen gut getarnt hinter Gebüsch. Die Pferde hatten sie unterhalb des Hügels angebunden, damit sie nicht vorzeitig von den Indianern gesehen wurden.

»Ich bemerke mehrere Gruppen«, sprach Ricardo nach geraumer Zeit. »Wie es scheint, lagern sie familienweise. Frauen und Kinder sind dabei. Somit befinden sie sich nicht auf Jagd oder Fischfang.«

»Woher weißt du das?« wunderte sich Pedro.

»In der Regenzeit nimmt kein Indianer die Familie mit. Vielleicht besuchen sie einen anderen Stamm. Das geschieht häufig. Während des großen Regens finden zwar selten Feste statt, doch kommen manchmal trotzdem die Indianer zusammen.«

»Dann ziehen sie also weiter?«

»Bestimmt tun sie das, nur weiß ich nicht, nach welcher Richtung. Ich schlage deswegen vor, daß du zurückreitest und den Trupp westlich vorbeileitest. Haltet euch möglichst weit weg. Ich bleibe hier und beobachte sie so lange, bis ihr sie umgangen habt. Dann komme ich hinterher.«

Pedro zog sich zurück und schwang sich in den Sattel. In diesem Augenblick öffnete der Himmel wieder seine Schleusen. Der Regen klatschte hernieder, als wolle er alles zerschlagen. Da blieb kein Faden trocken, und das Pferd trabte so lustlos dahin, als wäre es bereits einen ganzen Tag gelaufen.

Völlig durchnäßt waren auch die entgegenkommenden Kameraden. Pedro beriet sich mit João, und der Bruder sagte zu den Leuten:

»Wir müssen uns westlicher halten, um einen Sumpf zu umgehen.«

Das war bei diesem Wetter nicht verwunderlich. So ritten die Männer dahin und ahnten nicht, daß in der Nähe Indianer lagerten.

Nach dreitägigem Ritt kamen sie in eine kleine Siedlung am Tocantins. Das Ziel war erreicht. Ricardo, João und Pedro erhielten ihren Lohn und obendrein noch eine Zulage. Die Expeditionsleute wurden noch an diesem Abend über den Fluß gerudert, während die drei Sertanejos bei den Siedlern blieben und dort für ihre Hängematten einen Platz fanden.

»Jetzt haben wir Zeit«, sagte Ricardo, bevor sie sich niederlegten. »Wenn ihr Lust habt, könnt ihr morgen früh übersetzen und zum Flugplatz laufen. Eine Maschine soll morgen ankommen.«

Das ließen sich João und Pedro nicht zweimal sagen. Sie waren immer froh, etwas Außergewöhnliches erleben zu können. Pedro befand sich zum erstenmal in dieser Gegend.

Wie jeden Tag bei Sonnenaufgang waren sie schnell aus ihren Hängematten, verließen mit einem kleinen Kanu die Siedlung, paddelten über den Tocantins und gingen an einigen Häusern vorbei in den Wald hinein. Ein Bursche kam ihnen entgegen und begrüßte sie wie alte Bekannte.

»Diese Leute haben es gut«, meinte João, als sie weitergingen. »Was sie anbauen und fertigen, bringen sie zum Flugplatz. Sie können auch ohne Bezahlung bis nach Rio fliegen.«

»Ohne Bezahlung?« wunderte sich Pedro.

»Ja, wenn sie arm sind; dann werden sie von Militärmaschinen mitgenommen.«

»Könnten auch wir fliegen?«

»Wohin willst du?«

»Nach Rio. Das soll eine große Stadt sein.«

»Aber dort brauchst du viel Geld. Glaubst du, daß die Leute in Rio auf dich warten, damit du Maulesel treiben kannst? Die wissen gar nicht, was eine Mula ist.«

»Wovon leben dann diese Leute?«

»Da mußt du Ricardo fragen. Ich will nicht nach Rio gehen und auch nicht fliegen, denn die Fliegerei ist nichts für einen Sertanejo.«

»Warum nicht? Hast du Angst?«

»Ein gutes Pferd ist mir lieber.«

»Das Pferd hat man immer, aber ein Flugzeug nur für einen Tag. Ich möchte fliegen, und wenn es geht, bis nach Rio.«

»Ricardo hat mir die Geschichte eines Mannes erzählt, der genauso dachte wie du. Er ist tatsächlich nach Rio geflogen, weil er glaubte, dort besser leben zu können. Da er nichts konnte, blieb er arm. Kein Mensch wollte ihm Arbeit geben. Um nicht zu verhungern, verlegte er sich auf Diebstahl. Fünf Jahre hat er im Gefängnis gesessen, und als er wieder zurückkam, wollten die Sertanejos nichts mehr von ihm wissen. Krank und zerlumpt ist er davongegangen, wohin, weiß keiner.«

»Ein anderer ist nach Rio gegangen, hat als Schuhputzer angefangen und ist ein reicher Mann geworden. Auch das hat Ricardo erzählt.«

»Also kannst du dir ja den passenden Weg heraussuchen.«

»Morgen reiten wir jedenfalls nach Felicidade zurück.«

In dieser Weise plaudernd, durchliefen sie den Wald und kamen zu Plantagen mit Mais, Zuckerrohr, Maniok und Tabak. Sie erblickten aus Lehmziegeln erbaute Hütten, deren Dächer aus Palmstroh oder gebrannten Ziegeln bestanden. Überall standen Bäume mit Mango, Cajú, Zitronen und Orangen. Baummelonen und Bananen wurden in dichten Hainen gezogen, Wassermelonen und Kürbisse wuchsen auf gepflegten Feldern.

»Wer soll das alles essen?« wunderte sich Pedro.

»Am Flugplatz gibt es viele Angestellte, Beamte und Kaufleute, die nichts anbauen und trotzdem viel verbrauchen«, erklärte João. »Hier ist das Leben leichter als bei uns in Felicidade.«

»Was ist das?« fragte Pedro und zeigte auf eine Pflanzung.

»Kaffee. Damit ist viel Geld zu verdienen. Wer mit Kaffee anfängt, kann reich werden.«

»Und warum fangen wir nicht damit an?«

»Was weiß ich? Bei uns ist bis jetzt kein Mensch auf diesen Gedanken gekommen.«

Einige Männer, Frauen und Kinder hackten zwischen den noch jungen Sträuchern die Erde locker. João fragte, ob sie ein wenig zusehen dürften. Das wurde ihnen nicht verwehrt, und so kamen die Brüder mit einem dunkelhäutigen Mann ins Gespräch, der diese Plantage angelegt hatte.

»Wer sich mit Kaffee befaßt, muß viel lernen«, sagte der Farmer, während dicke Schweißperlen über sein Gesicht liefen. »Vor allem muß er genau wissen, welche Sorten sich für diesen oder jenen Boden eignen. Auch gilt es, das Klima zu berücksichtigen. Dazu kommen die Wünsche der Exporteure. Nicht jede Kaffeesorte eignet sich für den Versand ins Ausland. In Europa sind die Menschen wählerischer als bei uns in Brasilien. Außerdem schwanken die Preise. Im Staat São Paulo gibt es zwar die meisten Kaffeeplantagen, doch leiden die Pflanzen seit mehreren Jahren unter den kalten Nächten. Der Frost hat dort großen Schaden angerichtet. Bei uns besteht nicht diese Gefahr, doch haben wir einen sehr kostspieligen Transport. Das sind alles Dinge, die man sich überlegen muß.«

Der Mann legte seine Hacke weg und führte die Brüder unter ein Palmdach, wo etliche tausend Kaffeepflanzen aufgezogen wurden. »Das ist mein ganzer Stolz«, sagte er und strich mit seinen derben Händen liebkosend über die zarten Blätter. »Um diese Pflänzchen aufzuziehen, muß man auf manche Stunde Schlaf verzichten. Noch vertragen sie nicht die Hitze, vor allem nicht das grelle Sonnenlicht.«

»Verkaufen Sie diese Pflanzen?« wollte Pedro wissen.

»Ja und nein. Hier gibt es niemand, der sich mit Kaffee befassen will. Er macht den Leuten zuviel Arbeit.«

Die Brüder bedankten sich bei dem freundlichen Farmer und gingen weiter. Pedro blieb plötzlich stehen, setzte sich an den Wegrand, lachte vor sich hin und sagte schließlich: »Ich fange mit Kaffee an!«

»Natürlich, ohne Geld und ohne die geringste Ahnung«, erwiderte João, doch setzte auch er sich nieder.

»Ich habe in den letzten Tagen eine Menge Geld verdient«, fuhr Pedro mit strahlenden Augen fort. »Was nützt mir denn ein Hemd? Es zerreißt ja doch wieder, genauso wie Hosen und Schuhe. Ich kaufe Kaffeepflanzen! Ganz klein fange ich an, und wenn ich wieder etwas Geld beisammen habe, reite ich hierher und kaufe wieder welche. Immer wieder und immer wieder, bis ich eine große Plantage besitze.«

»Du bist verrückt«, meinte João.

»Vielleicht hat man diesen Mann auch für verrückt erklärt«, beharrte Pedro eigenwillig.

»Und wie willst du dir die Erfahrung aneignen?«

»Ich müßte zu diesem Farmer gehen und bei ihm arbeiten.«

»Inzwischen vertrocknen daheim deine Pflanzen.«

»Du mußt dich daran beteiligen. Zu zweit ziehen wir den Betrieb auf. Wir nehmen jetzt alles Geld und kaufen Pflanzen. Dann sorgst du daheim für das Feld, während ich hier arbeite. Was ich verdiene, lege ich gleich wieder in Kaffeesträuchern an.«

»Du bist verrückt, doch will ich es mir überlegen«, sagte João.

Pedro legte sich auf den Bauch und zog mit seinem Buschmesser Linien in den Sand.

»Hier steht bei uns der große Mangobaum«, fuhr er fort. »Du weißt, daß hier der Mais am besten wächst. Der Boden ist gut. Da fangen wir mit dem Kaffee an. Für den Mais roden wir ein Stück Wald. Mais wächst auch zwischen gefällten Bäumen. Später müssen wir geeignetes Land kaufen, um die Plantage zu vergrößern.«

»Glaubst du, daß wir das schaffen?« zweifelte João. »Der Mann sagte, daß bereits hier Transportschwierigkeiten bestehen.«

»Wir liegen doch nicht ungünstiger!« rief Pedro und sprang auf die Füße. »Unsere nächste Stadt ist Carolina. Ist es ein Problem, die Kaffeesäcke zum Tocantins zu bringen? Vielleicht bauen wir den Weg aus, damit das Lastauto des Präfekten fahren kann. Auf dem Fluß verkehren Boote, und später kaufen wir uns vielleicht selber eins.«

»Ich glaube, du hast den Tropenkoller«, sagte João kopfschüttelnd.

»Klingt das so verrückt?«

»Ja und nein. Du hast ja recht, aber warum ist kein anderer bei uns daheim auf diese Idee gekommen?«

»Einer muß schließlich darauf kommen. Sei doch froh, daß ich es bin.«

»Und du meinst, daß wir unser Geld zusammenlegen und bereits heute damit beginnen sollen?«

»Sofort. Das Geld haben wir bei uns. Wir werden ja sehen, ob es für den Anfang reicht.«

Statt zum Flugplatz zu gehen, liefen sie rasch zu dem Farmer zurück. Der hörte sich ihre Wünsche an und lächelte.

»Hm«, sagte er, »habt ihr es euch richtig überlegt? Wenn der Boden bei euch nicht der richtige ist oder die Sonne brennt gar zu heiß, dann seid ihr die Pflanzen und euer Geld los.«

»Das wäre nicht so schlimm«, meinte Pedro.

»Und wie reich seid ihr?«

Pedro zog alle seine Geldscheine aus der Hosentasche und breitete sie kunterbunt vor dem Farmer aus. João zögerte ein wenig, doch dann legte er schließlich sein ganzes Vermögen dazu.

Der Farmer zählte und lächelte immer noch. Dann fragte er, indem er die Burschen ansah: »Wieviel Pflanzen wollt ihr dafür haben?«

»Das müssen Sie wissen«, erwiderte João.

»Ihr habt natürlich von den Preisen keine Ahnung, und ich könnte euch übers Ohr hauen, ohne daß ihr es merkt, aber mir liegt nichts daran, euch zu betrügen. Auch ich baue noch auf und brauche Geld. Deswegen wollen wir uns gegenseitig ein wenig helfen. Für diesen Betrag bekommt ihr eigentlich nicht mehr als vierzig Pflanzen. Ich will euch sechzig geben. Seid ihr damit einverstanden?«

Die Brüder sahen sich an und nickten.

»Und wie wollt ihr sie transportieren?«

»Am anderen Ufer des Tocantins haben wir Körbe.«

»Gut, dann gebe ich euch bis dorthin Körbe und Maultiere mit. Mein Junge begleitet euch bis zum Fluß.«

João und Pedro strahlten übers ganze Gesicht.

PEDRO REDETE NUR NOCH VOM KAFFEE, und Ricardo zog eine süßsaure Miene. »Und mich laßt ihr aus dem Spiel?« brummte er verdrossen.

»Würdest du mitmachen?« freute sich Pedro.

»Warum denn nicht? Das ist der erste kluge Einfall in deinem Leben, mein Junge, und wenn du so weitermachst, kann doch noch etwas aus dir werden.«

»Du machst mit!« jubelte Pedro überglücklich.

»Ohne Beteiligung, vielleicht als Gelegenheitsarbeiter? Nein, daraus wird nichts. Entweder holen wir noch dreißig Pflanzen, oder wir sind geschiedene Leute.«

Pedro nahm Ricardos Geld, ritt mit dem Jungen und den Maultieren zurück und kaufte weitere dreißig Pflanzen.

Die jungen Kaffeepflanzen wurden am nächsten Morgen mit größter Sorgfalt verpackt und den zuverlässigsten Tieren aufgebürdet. Als sie um die Mittagszeit eine Stunde ruhten, sagte Ricardo zu den Brüdern:

»Ich kenne einen Kaffeepflanzer, der seinen Kram versteht. Zu dem könntest du eine Zeitlang gehen, Pedro. Er besitzt eine mittelgroße Fazenda mit etwa achtzigtausend Sträuchern.«

»Und wir haben neunzig«, antwortete Pedro bekümmert.

»Glaubst du, dieser Mann hat so groß angefangen?« widersprach Ricardo. »Es gibt Kaffeebarone, die kümmern sich überhaupt nicht um ihre Fazenda und kassieren nur die Gelder, doch gibt es auch sehr fleißige Farmer, die ganz klein angefangen und sich mühsam hochgearbeitet haben. Von denen kannst du etwas lernen oder auch von den Verwaltern, die von Fazenda zu Fazenda gehen, um überall einige Jahre zu bleiben. Das sind Männer, die ihr Fach verstehen.«

»Wann soll ich gehen?«

»Ich werde dem Fazendeiro schreiben und ihn um Nachricht bitten. Bis dahin kannst du noch fleißig die Schule besuchen.«

Am Abend trennte sich Pedro nicht von den Körben. Er feuchtete die Pflanzen an und streichelte sie. Selbst als die Freunde bereits schliefen, hockte er noch bei den Körben.

Der nächste Tag war gewitterschwül, jedoch ohne Regen. Eine bleierne Mattigkeit lag Menschen und Tieren in den Gliedern. Ein Pferd lahmte und blieb zurück. Ricardo ordnete an, daß Pedro langsam mit dem kranken Tier nachkommen sollte. »Du kennst ja den nächsten Lagerplatz vom Herritt«, sprach er zu Pedro. »Dort treffen wir uns dann am Abend. Sollte es mit dem Pferd schlimmer werden, läßt du es zurück und kommst allein nachgeritten. Wir holen es dann später.«

Pedro war damit einverstanden. Um nicht waffenlos zu sein, hängte er Ricardos Winchester um. So folgte er den anderen, die seinen Blicken rasch entschwanden.

Müde ritt er mit seinen beiden Tieren dahin. Das Alleinsein bekümmerte ihn nicht, war er doch oft genug allein durch den Sertão gelaufen und geritten. Diese Gegend war ihm allerdings fremd, doch glaubte er, den Weg selbst in der Finsternis zu finden.

Der Weg war nur zu erkennen an einigen Hufabdrücken und hier und dort an einem abgebrochenen Zweig. Die Reit- und Tragtiere der Sertanejos folgten den Spuren der vorausgegangenen Tiere und Menschen, ohne daß sich ihr Reiter oder Treiber darum zu kümmern brauchte. Nur wenn eine Spur abzweigte, bestand die Möglichkeit, daß sie einer falschen Fährte folgten und woanders herauskamen.

Nachdem Pedro eine Zeitlang gesungen und gepfiffen hatte, schlief er im Sattel ein. In der Ferne grollte der Donner. Ein großer Ameisenbär huschte über den hellen Sand in den nächsten Busch. Pedro sah ihn nicht.

Manchmal erwachte er, rückte sich zurecht, sah flüchtig auf und nickte wieder ein. Zuverlässig folgte ihm das hinkende Pferd.

Sogar im Halbschlaf dachte Pedro an die Kaffeepflanzen. Er sah vor sich eine Plantage mit tausend Sträuchern, die voll roter Beeren hingen. Viele rote Beeren, die dann blauschwarz und trocken wurden, bedeuteten Säcke voll Kaffee.

Wenn Pedro schlaftrunken aufsah, hielt er die Bäume und Büsche im Sertão für Kaffeesträucher. Er ritt mitten hindurch und besah sich den Reichtum. Viele Leute hackten um ihn herum die Erde auf, damit kein Unkraut gedieh.

Auch Hunde waren dabei. Aber wozu brauchte er die Hunde? Sie kamen auf ihn zu und drohten ihn zu zerreißen. Da riß Pedro die Augen auf und war hellwach. Etwa ein Dutzend Köter gebärdete sich wie wild. Die Pferde wurden scheu. Was, um Himmels willen, war geschehen?

Pedro vernahm laute Rufe und unverständliche Worte. Nackte Gestalten huschten durchs Gebüsch, Bogen und Pfeile waren in den Händen dieser rotbemalten Männer. Kinder rannten umher, und Rauch kräuselte in der Nähe empor.

Es bestand kein Zweifel: Pedro war zwischen die Indianer geraten! Die Pferde waren einer falschen Spur gefolgt, und er hatte es nicht bemerkt, da er geschlafen hatte.

Kriegerisch aussehende Gestalten umringten ihn, blickten ihn aus schwarzbemalten Gesichtern an und ergriffen den Zügel seines Pferdes. Die Hunde beruhigten sich zwar, doch sahen die vielen Männer durchaus nicht vertrauenerweckend aus. Mehrere hielten halbmeterlange Keulen in den Händen.

»Wer bist du?« fragte ein Indianer mit besonders langen Haaren. Er sprach Portugiesisch.

»Ich heiße Pedro Alfieri und lebe in Felicidade«, antwortete Pedro. »Wir haben Leute zum Flugplatz gebracht und ritten heim. Da lahmte dieses Pferd. Ich blieb mit ihm zurück und bin vom Weg abgekommen.«

»Hast du uns nicht gesehen?« fragte der Indianer.

»Nein, denn ich war eingeschlafen.«

Der Rotbemalte übersetzte die Worte, worauf alle Indianer in ein schallendes Gelächter ausbrachen. Erst jetzt fiel Pedro Ricardos Mahnung ein, einem Indianer gegenüber immer ein lachendes Gesicht zu zeigen. Deswegen lachte er mit, obwohl er sich dazu zwingen mußte.

»Steig ab«, befahl der wortführende Mann. Er nahm kurzerhand das Pferd und führte es dem Lager zu.

Dort standen primitive Hütten aus Palmblättern. Frauen und Kinder liefen umher und sahen dem fremden Jungen entgegen.

Pedro lachte sie alle an.

»Hast du Angst?« fragte plötzlich der Indianer, den Pedro für den Häuptling hielt.

»Nein«, log Pedro.

»Das ist gut«, sagte der Indianer. »Die meisten Fremden haben Angst. Wir töten nur die, die uns Böses antun. Mit den anderen wollen wir in Freundschaft leben.«

»Sind Sie der Capitão?« wollte Pedro wissen.

»Ja, der bin ich. Ich spreche eure Sprache nicht gut. Du kannst bei uns bleiben.«

»Nein, capitão, meine beiden Begleiter warten auf mich. Laßt ihr mich nicht weiterreiten?«

»Später. Du hast Zeit. Wenn du willst, bringen wir dich zum Lagerplatz. Wir kennen einen kurzen Weg.«

»Das ist gut, dann überrascht uns nicht die Finsternis. Versteht ihr alle Portugiesisch?«

»Der da auch, sonst keiner.« Der Häuptling zeigte auf einen jüngeren Mann, der am ganzen Körper schwarz und rot bemalt war.

Pedro wurde in die Häuptlingshütte geführt, in die viele Männer, Frauen und Kinder folgten. Sie ließen sich alle nieder, hockten im Halbkreis um ihn herum, lächelten freundlich und verhielten sich still.

Pedro setzte sich auf einen Holzklotz und hatte seine Scheu verloren. Er wußte plötzlich, daß er von diesen Indianern nichts zu befürchten hatte. Die Männer sahen trotz ihrer grellen Bemalung freundlich aus, die Frauen sogar auffallend zart und sanft. Sie strömten einen süßlichen Geruch aus, der von der roten Farbe Urucú herrührte, die sie aus Samenkernen gewannen.

Der Häuptling setzte sich neben Pedro und reichte ihm ein Stück gebackenen Fladen. Es war das aus Maniokwurzeln zubereitete Brot der Indianer. Pedro fand, daß es vorzüglich schmeckte.

Der Häuptling hob drei Finger seiner rechten Hand in die Höhe und sprach: »Vor soviel Tagen seid ihr hier vorbeigeritten.«

»Ja, wir ritten zum Flugplatz«, bestätigte Pedro. »Wir standen auf einem Hügel, erblickten Indianer und umgingen sie.«

»Das waren wir. Hattet ihr Angst?«

»Wir nicht, doch wußten wir nicht, wie sich die Fremden verhalten würden, die wir zum Flugplatz bringen sollten. Wir haben ihnen die Waffen weggenommen und in Körbe gepackt.«

»Das ist gut«, sagte der Häuptling zufrieden. »Die Fremden sind dumm wie die Geier.«

»Bleibt ihr für immer hier?« fragte Pedro unvermittelt.

»Solange es regnet.«

Ein Indianer kam in das Haus, sprach mit dem Häuptling und entfernte sich wieder. Daraufhin sagte der Häuptling zu dem Jungen: »Dein Pferd lahmt sehr. Es geht nicht mehr weiter.«

»Es muß«, erwiderte Pedro.

»Laß es hier. Zähle die Finger an deinen Händen, dann komm wieder.«

»Darf ich einmal nachsehen?«

Ohne eine Antwort zu geben, verließ der Häuptling das Haus. Pedro folgte ihm, obwohl er nicht wußte, ob das richtig war. Mehrere Männer, Frauen und Kinder gingen jedoch mit. Die Pferde standen angebunden unter einem Baum. Tatsächlich mußte Pedro feststellen, daß das Bein des Tieres schlimmer aussah. Die Fessel war dick angeschwollen. Unter diesen Umständen mußte er das Pferd zurücklassen. Bei den Indianern war es wahrscheinlich besser aufgehoben als draußen in der Wildnis, wo es in seinem jetzigen Zustand gar leicht von einem Jaguar gerissen werden konnte. Das sagte er auch den Indianern.

Die Kameraden staunten nicht wenig, als er in der Dunkelheit den Lagerplatz erreichte und von seinem Abenteuer berichtete. Nachdem die Indianer ihn ein Stück begleitet und ihm den Weg beschrieben hatten, war er scharf geritten, um nicht von der Nacht überrascht zu werden.

Ricardo und João errichteten für die Nacht ein Dach. Pedro sah es mit Verwunderung.

»Der Himmel gefällt mir nicht«, sagte Ricardo, während er mit flinken Händen die Stangen für das Dach zusammenband. »Sucht Palmwedel und große Blätter, aber beeilt euch!«

Für die Burschen war es eine Kleinigkeit, die nächststehenden

Palmen zu erklettern und die Wedel abzuschlagen. Dazu brauchten sie nicht einmal das Tageslicht. Wie Affen turnten sie in den Wipfeln der hohen Palmen herum.

Mehrere Gewitter rumorten in der Ferne, Blitze zuckten in verschiedenen Richtungen. Die Luft war wie mit Elektrizität geladen.

Unter Ausnutzung mehrerer engstehender Bäume befestigte Ricardo ein Dach, das dicht und sturmfest aussah. Durch Erfahrungen war er umsichtig geworden. In der Wildnis gab es wohl kaum etwas, das ihn in Verlegenheit bringen konnte. Er brachte es sogar fertig, ein Rindenkanu zu bauen. »Entweder bezwingst du den Sertão, oder er erledigt dich«, pflegte er zu sagen.

Viele Leute hielten Ricardo für einen Sonderling, der es gar nicht nötig hätte, als Jäger sein Leben zu fristen. Er selbst sprach selten über seine Vergangenheit. Jedenfalls gab es Jahre seines Lebens, die er niemals erwähnte. Hin und wieder benahm er sich wie ein gebildeter Mensch mit feinen Umgangsformen. Aus ihm wurde niemand so recht klug.

Auch heute handelte er wieder so eigenwillig, als wüßte er mehr als die anderen. Wie oft standen schwere Gewitter am Himmel, ohne daß ein Sertanejo auf den Gedanken kam, ein Dach zu errichten. In der Regenzeit mußte jeder damit rechnen, bis auf die Haut naß zu werden.

Ricardo baute nicht nur ein Dach, sondern brachte aus langen Palmwedeln auch noch eine Rückwand an.

»Damit wir nicht frieren«, spöttelte João und trocknete sich den Schweiß von der Stirne.

Als Ricardo im Schein des Lagerfeuers sein Werk betrachtete, war er zufrieden. »Haha, jetzt wird es gemütlich«, lachte er händereibend. »Tragt die Körbe unters Dach, und dann kommt mit zum Wasser, damit wir uns erfrischen. Verdient haben wir ein Bad.«

»Nachts ins Wasser?« wunderte sich Pedro.

»Warum denn nicht? Hier gibt es weder Piranhas noch Krokodile.«

»Aber Schlangen.«

»Wenn du ordentlich im Wasser herumtollst, reißt jede Schlange aus.«

»Die Anakonda nicht.«

»Die ist in kleineren Gewässern sehr vorsichtig, weil sie sich nicht schnell genug verbergen kann. Beeilt euch, damit wir Kaffee kochen können!«

Und als sie schließlich Kaffee tranken, sagte Pedro mit einem Seitenblick auf Ricardo: »Jetzt fehlt nur noch der Regen.«

Der Jäger lächelte, setzte seinen Becher an das Feuer, stand auf und gab den Brüdern durch einen Wink zu verstehen, daß sie ihm folgen sollten. Sie gingen nur wenige Schritte bis zum Rand einer Lichtung. Dort blieben sie stehen. Ricardo zeigte auf den Wipfel eines großen Baumes, der sich gegen den Sternhimmel deutlich abhob.

Nichts war zu sehen. Dunkle Wolken schoben sich unter den Sternen zusammen und verdeckten das letzte Licht.

»Was ist los?« fragte Pedro.

»Warte nur, du hast noch Zeit«, erwiderte Ricardo.

»Aha!« sagte João und lachte vor sich hin. »Das blaue Licht!«

»Hast du es gesehen?« fragte Pedro aufgeregt.

Da! Da war es und züngelte geisterhaft auf den oberen Ästen des großen Baumes. Kleine blaue Flämmchen flackerten auf und erloschen, und schlagartig war der ganze Spuk wieder vorbei.

»So, nun wollen wir unseren Kaffee trinken«, ließ sich Ricardo mit gleichgültiger Stimme vernehmen.

»Du hast das blaue Licht schon vorher gesehen?« fragte João.

»Bevor das Elmsfeuer auf die Bäume klettert, tanzt es mir auf dem Kopf herum«, antwortete Ricardo. »Und wenn ich das blaue Licht spüre, dann will ich lieber in einer Hütte sein.«

»Hast du schlimme Erfahrungen gemacht?« fragte Pedro.

»Ich kann mich täuschen. Dann täuschen sich aber auch die Pferde, die heute hartnäckig unter den Bäumen bleiben.«

Pedro trank seinen Kaffee und ging noch einmal zur Lichtung, um das blaue Licht zu sehen. Er wartete lange, aber nichts geschah, und er mußte an die Erzählungen älterer Sertanejos denken, die dem Elmsfeuer seltsame Fähigkeiten zuschrieben.

Die Nacht verging zunächst wie jede andere. Mehrere Gewitter rumorten in der Ferne. Menschen und Tiere schliefen, bis sie durch einen furchtbaren Donnerschlag geweckt wurden.

»He!« rief Pedro erschrocken.

»Da haben wir es«, grunzte Ricardo, indem er sich in seiner Hängematte auf die andere Seite drehte.

In diesem Augenblick zog ein drehendes Rauschen durch den Wald. Es blieb nicht bei dem einen Donnerschlag. Die Welt schien unterzugehen. Sturzbäche schossen zur Erde.

Diesem Unwetter war Ricardos Dach nicht gewachsen. Es ließ zu Beginn viel Regen durch, bis die Blätter naß genug waren und die Sturzflut besser ableiteten. Aber wie wäre es gewesen, wenn die drei Sertanejos im Freien gelegen hätten? Dann wäre es ihnen wie den Pferden und Mauleseln ergangen, die mit hängenden Köpfen dicht gedrängt unter den Bäumen standen und ungeschützt dem tobenden Unwetter ausgesetzt waren.

Pedro dachte an die Kaffeepflanzen und war froh, sie in Sicherheit zu wissen. Wenn dieser Wolkenbruch jedoch noch lange anhielt, dann standen sie im Wasser. Das Lagerfeuer war im Nu erloschen, nichts war zu sehen.

Auf dem Waldboden stand das Wasser etwa fußhoch. Pedro sprang aus der Hängematte und rief João. Sie schleppten leere Körbe herbei und setzten die Pflanzenkörbe obendrauf.

Ein Blitz schlug in der Nähe ein und zersplitterte einen Baum. Ganz deutlich hörte man ihn bersten.

Die Finsternis war unheimlich. Jeder Blitz wirkte überhell, und jedem folgte ein ohrenbetäubender Donnerschlag.

Ricardo erhob sich, geriet mit den Füßen ins Wasser und legte sich wieder hin.

»Ob die Tiere noch da sind?« fragte João aus seiner Matte.

»Wo sollen sie denn sonst sein«, erwiderte Ricardo. »Nun laßt mich endlich schlafen.«

»Puste das Licht aus«, versetzte João und drehte sich um.

Auch Pedro versuchte einzuschlafen, doch saß ihm die Angst im Genick. Bei jedem Donnerschlag zuckte er zusammen. Schon wieder zersplitterte irgendwo ein Baum. Wenn nur der

Regen aufhören würde! Pedro fing an, in seinem nassen Zeug zu frieren.

Das Wasser stieg weiter. Es drang ein in alle Erdhöhlen, überraschte Gürteltiere, Schlangen und andere Erdbewohner. Entweder flohen sie ins Freie und retteten sich auf eine Bodenerhebung, oder sie ertranken. Die Schlangen waren wohl die zählebigsten unter ihnen. Sie hielten es eine Zeitlang im Wasser aus.

Pedro wagte nicht, noch einmal den Wasserstand zu messen. Er fürchtete, auf eine Schlange zu treten. Am Tag würde das ganz anders sein, aber in dieser verteufelten Finsternis war alles feindlich und verderbenbringend.

Ob João und Ricardo tatsächlich schlafen konnten? Sie verhielten sich still. Vielleicht verspürten sie dieselbe Angst wie er.

Jetzt zersplitterte ein Baum so nahe, daß Pedro ganz deutlich das Geprassel der herabstürzenden Äste vernahm. Eine Flamme loderte auf, doch erstickte sie rasch unter dem Regenguß.

Allmählich entfernte sich der Herd des Unwetters. Der Zeitraum zwischen Blitz und Donner wurde größer. Ganz plötzlich ließ das Rauschen der niederstürzenden Wassermassen nach.

Da griff Pedro in die Hosentasche, zog eine Streichholzschachtel hervor und versuchte mit einem Streichholz sein Glück. Die Reibflächen der Schachtel waren feucht geworden. Mehrere Hölzer hatte er schon erfolglos anzubrennen versucht; endlich flammte eins auf, doch war in seinem schwachen Schein nichts zu sehen.

Die restliche Nacht verlief ohne einen weiteren Zwischenfall. Als der Morgen graute, war das Wasser zwar einigermaßen versickert, doch es war unmöglich, Feuer zu machen.

»Ohne das Dach wären wir wie die Mäuse ersoffen«, meinte João, als er aus seiner Hängematte stieg.

»Es geht nichts über ein gutes Blätterdach«, antwortete Ricardo. »Gegen Hitze und Regen hilft es; aber wenn du heute abend unter dasselbe Dach kriechen möchtest, dann mußt du zuerst die Vogelspinnen, Leguane und Schlangen herausjagen, damit sie dir in der Nacht nicht auf den Kopf fallen.«

»Du denkst an alles«, lachte Pedro.

»Sonst würde ich vielleicht nicht mehr leben«, sagte Ricardo ernst. »So mancher brave Mateiro ist mit allem möglichen Raubzeug fertig geworden, um schließlich unter einem solchen Dach umzukommen. Das ist kein rühmliches Ende.«

»He, wer kommt denn da?« rief João überrascht und gleichzeitig erschrocken.

Wie aus dem Boden gezaubert standen rote Gestalten um ihren Lagerplatz herum. Sie lächelten aus bemalten Gesichtern und trugen in den Händen Bogen und Pfeile.

Freundlich lachend ging ihnen Ricardo entgegen. Pedro erkannte sofort seine Freunde vom gestrigen Tag. Rasch sprang er aus der Hängematte, um sie zu begrüßen.

»Ihr seid nicht ertrunken?« fragte der Häuptling, indem er Ricardo in brasilianischer Art umarmte. Das tat er auch bei Pedro und João.

»Sertanejos kommen nicht so leicht um«, antwortete Ricardo freundlich. Er begrüßte alle Indianer der Reihe nach.

Die roten Männer der Wildnis wahrten eine stolze Zurückhaltung. Einige trugen Federschmuck, vor allem kleine Federbüschel an den Oberarmen. Da sie sich auf einer Jagdstreife befanden, sahen sie mit ihren langen Bogen und Pfeilen sehr kriegerisch aus. Der Häuptling besaß als einziger ein Buschmesser. Er zeigte damit auf die nebenbei grasenden Pferde und sprach:

»Ihr habt viele gute Tiere. Wir möchten mit euch tauschen.«

»Uns gehört nicht eins«, erwiderte Ricardo. »Wenn ihr Pferde und Maulesel eintauschen wollt, müßt ihr nach Felicidade kommen.«

»Was verlangt ihr dafür?«

»Verhandelt mit dem Indianerschutzdienst. Dazu ist er da, und wenn alles gut geht, bekommt ihr einige Pferde umsonst.«

»Der Posten denkt an eigene Vorteile«, lehnte der Häuptling verächtlich ab.

»Das darf er nicht«, widersprach Ricardo. »Kennt ihr ihn?«

»Nein, wo wir waren, gab es keinen.«

»Geht ihr in euer Dorf zurück?«

»Wir verließen es für immer. Viele Leute starben. Die Geister der Toten waren uns nicht gut gesinnt.«

»Dann rate ich euch dringend, den Posten aufzusuchen. Er wird euch helfen. Ihr bekommt Messer und Äxte, auch Medizin, wenn ihr welche haben wollt. Sagt ihm, wo ihr euer Dorf errichten werdet, dann darf kein Fremder in eurem Gebiet jagen oder sich ansiedeln.«

»Wir werden uns selber helfen«, beharrte der Häuptling eigenwillig.

»Das haben viele andere auch versucht, aber erreicht haben sie nichts. Es gab nur Totschlag hin und her, der Posten wurde niedergemacht, Indianer mußten sterben, und die Feindschaft blieb bis auf den heutigen Tag. Ich rate euch, geht zum Posten. Sagt dem Postenführer, daß ich euch schicke. Ricardo ist mein Name. Ricardo! Ihr werdet es nicht bereuen.«

»Weshalb rätst du uns das?« fragte der Indianer lauernd.

»Weil ich ein Sertanejo bin und gar nicht viel anders als ihr. Wir sollten besser zusammenhalten. Du hast allen Grund dazu, capitão. Hast du von der großen Stadt gehört, die im Herzen Brasiliens erbaut wird? Mitten in einem Gebiet, das früher den Indianern gehörte? Das ist erst der Anfang. Andere Städte werden folgen, und euer Raum wird immer kleiner werden. Der Posten steht jedoch auf eurer Seite. Er vertritt eure Rechte, und er wird immer wieder euretwegen Verhandlungen führen.«

»Wir finden überall einen Platz«, trotzte der Indianer.

»Um euer Dorf ist mir nicht bange«, meinte Ricardo. »Ich denke an das Wild, an die Fische und an eure Felder. Die Weißen bleiben nicht in ihrer Stadt, sondern durchziehen das Land, schießen und fischen alles weg und kaufen das Land auf, wo eure Manioka wächst. Der Schutzdienst verbietet das. Ihr habt keinen Grund zur Sorge, solange der Posten auf eurer Seite steht.«

»Wir werden es beraten«, antwortete der Häuptling. Während er Bogen und Pfeile schulterte, fuhr er fort: »Das lahme Pferd könnt ihr bald wieder abholen. Wir gehen jetzt.« Dann ging er an der Spitze seiner kleinen Schar durch den Wald.

ES GAB EINIGE AUFREGUNG, als die drei Expeditionshelfer nach Hause kamen und ihre Körbe auspackten. Statt Geld mitzubringen, bauten sie eine Menge Pflanzen auf. Dafür hatten sie vierzehn Tage lang gearbeitet und obendrein noch mehr verdient, als ein Mann normalerweise verdienen konnte. Die Leute in Felicidade schüttelten nur die Köpfe. Francisco Alfieri besah sich das Grünzeug, setzte schweigend seinen Hut auf und ging zum Fluß hinab, wo er an einem Kanu baute. Pedro rannte ihm nach, weil es jetzt um wichtige Dinge ging.

»Kaffee ist eine große Sache!« rief er besonders laut, um den Vater vom Wert des Kaffees zu überzeugen. »Wenn aus den Pflanzen etwas werden soll, brauchen sie natürlich den besten Boden.«

»Hoffentlich habt ihr ihn mitgebracht«, sagte Francisco unbeirrt.

»Morgen fangen wir an, ein Stück Wald zu roden. Da können wir Mais aussäen.«

»Ich denke, für den Kaffee braucht ihr neues Land?« wunderte sich der Vater.

»Den können wir nicht in den Wald pflanzen«, widersprach Pedro. »Dazu brauchen wir das Maisfeld am großen Mangobaum.«

»Das Maisfeld?«

»Ja, dort muß der Mais weg.«

»Erst wenn er reif ist, und inzwischen sind eure Kaffeepflanzen verdorrt.«

»Der Kaffee ist doch viel wichtiger!« rief Pedro ganz aufgeregt.

»Wann kannst du den ersten Kaffee ernten?« wollte der Vater wissen.

»In drei Jahren fangen die Sträucher an zu tragen.«

»Wieviel?«

»Im Anfang wird es nicht viel sein.«

»Siehst du, so ist es mit dem Kaffee«, triumphierte der Vater. »Beim Mais wissen wir, was er jährlich bringt.«

Pedro gab es auf, den Vater zu bekehren. Niedergeschlagen ging er zu João und Ricardo zurück.

Der ältere Freund lachte, als Pedro ihnen das Gespräch mit dem Vater erzählt hatte. »Das hätte ich dir bereits vor dem Kauf der Pflanzen sagen können. Glücklicherweise habe auch ich ein kleines Maisfeld. Das hacken wir ganz einfach um, denn dem Kaffee ist es gleich, ob er auf eurem oder auf meinem Boden wächst. Von nun an ist es unser Feld.«

Zu dritt machten sie sich an die Arbeit. Merkwürdigerweise wußte Ricardo ganz genau, wie der Kaffee zu pflanzen war. Er traf seine Anordnungen wie ein alter Fazendeiro. Pedro war aber so eifrig, daß ihm des älteren Freundes Weisheit gar nicht auffiel.

Viele Bekannte kamen, sahen sich die neue Pflanzung an und wünschten Glück. Der Wunsch kam ihnen durchaus nicht von Herzen, doch mußten sie ja irgend etwas sagen, um nicht stumm und dumm dabeizustehen. Nur der Senhor Professor lobte diese Neuerung sehr, die, wie er meinte, dem ganzen Dorf zum Segen gereichen könne.

Francisco Alfieri war keinesfalls dagegen, nachdem er durch Ricardos Hilfe sein eigenes Maisfeld behalten konnte. Jetzt betrachtete er die kleinen Kaffeepflanzen mit Wohlwollen, als habe er sie nach Felicidade gebracht.

Eigentlich war Francisco kein rückständiger Mensch. Er nahm jede Gelegenheit wahr, um Geld zu verdienen. Auch glaubte er nicht, wie andere Männer des Dorfes, der klügste Mann im Ort zu sein. Seine feine Beobachtungsgabe ließ ihn ahnen, daß Ricardo mehr wußte und konnte, als er zeigte. Deswegen hieß er vieles gut, was sein Schwager unternahm.

»So, Pflanzer willst du werden?« sagte er, als er von Pedros Plänen hörte. »Wenn Ricardo eine Stelle für dich weiß, wird es schon gut sein. Bei uns ist sowieso nicht viel zu verdienen.«

»Ich komme wieder«, versicherte der Junge. »Wenn unser Kaffee anfängt zu tragen, bin ich wieder da.«

»Natürlich wirst du dir die Ernte nicht entgehen lassen«, foppte ihn der Vater.

»Das ist es nicht«, widersprach Pedro. »Ich werde tausend neue Pflanzen mitbringen! So weit du blicken kannst, sollen Kaffeesträucher stehen.«

»Und woher nimmst du das Geld für die vielen Pflanzen?«

»Ich werde es verdienen, auch will ich mir selber welche ziehen. Ricardo sagt, daß ich zehntausend Pflanzen haben muß und später zehnmal soviel.«

»Und wer soll den vielen Kaffee trinken?«

»In der ganzen Welt trinkt man Kaffee. Guter Kaffee wird immer gebraucht, sagt Ricardo.«

»Dann wird es schon stimmen«, meinte der Vater und wollte nichts mehr vom Kaffee hören.

»WIR BRAUCHEN DRINGEND EINE HARPYIE!« So lautete ein kurzer Bescheid aus Rio de Janeiro. Zwischen den Worten stand zu lesen: Nun sieh zu, Ricardo, wie du zu diesem gefährlichen Adler kommst.

Das war gar nicht so leicht, weil es weit und breit keine Harpyie mehr gab. Die Indianer hatten dafür gesorgt, daß dieser wegen seiner schönen Federn begehrte Vogel selten geworden war. Bei ihnen galten die Federn als kostbares Tauschobjekt. Außerdem hatten sich die Harpyien durch ihre unersättliche Raubgier bei allen Indianern und Siedlern unbeliebt gemacht. Wo sie auftauchten, fielen ihnen Federvieh und Jungtiere aller Art massenweise zum Opfer.

Ricardo legte achselzuckend das Schreiben beiseite, weil er im Augenblick keine Harpyie beschaffen konnte. »Vielleicht später«, sagte er und dachte kaum noch daran.

Auch Pedro hatte jetzt nur Interesse an dem Kaffee. Sobald er aus der Schule kam, ging er auf das Feld, als könnte er das Wachstum der jungen Pflanzen beobachten. Seine Mitschüler nannten ihn bereits den Kaffeebaron.

»Ach, das will ich gar nicht sein«, sagte er daraufhin verächtlich. »Mir gefallen allein schon die Sträucher. Jetzt setzen sie die Beeren an, ganze Trauben voll, die rot werden und weithin leuchten. Vielleicht liegt mir gar nicht so viel an der Ernte!«

Der Lehrer zeigte Bilder vom Werden des Kaffees. Das gefiel

den Kindern, und daraufhin sahen sie die jungen Pflanzen mit größerem Interesse an.

João riß eines Tages den Bruder aus seinen Kaffeeträumen und erinnerte ihn an das zurückgelassene Pferd. »Wenn uns die Indianer betrogen haben und der Gaul verschwunden ist, müssen wir für den Schaden aufkommen«, sagte er zum Schluß. »Ich rate dir, dich morgen früh auf die Beine zu machen. Wenn du mit dem Vater sprichst, überläßt er dir Findling für zwei Tage. Mit dem Schimmel reitest du an einem Tag bis zum Indianerdorf.«

»Das schafft er nicht«, zweifelte Pedro.

»Laß ihn nur ordentlich laufen, dann bist du am Abend dort.«

Der Vater war damit einverstanden, weil er in den nächsten Tagen das Pferd nicht brauchte. Er gab dem Jungen drei Tage Zeit, damit sich beide einen Tag bei den Indianern ausruhen konnten.

Pedro freute sich, so weit mit Findling reiten zu können. Der Schimmel war ausgeruht und in bester Form. Als er am frühen Morgen gesattelt wurde, tänzelte er aufgeregt um den Pfahl herum, an dem er festgebunden war.

Ohne großes Gepäck ritt Pedro in den erwachenden Tag hinein. Eine alte Hängematte hatte er zwischen Decke und Sattel liegen; am Sattelknauf hingen die Winchester und ein kleines Bündel mit Mundvorrat. Wild galoppierend sprengte er durchs Dorf, damit die Leute sehen konnten, wer heute den feurigen Schimmel ritt.

Aber auch Findling schien sich zu freuen, wieder unterwegs zu sein. Er leistete sich einige unbekümmerte Sprünge und schien seinen Reiter kaum zu spüren. Der Boden war fast trocken, auch schien der Tag schön zu werden.

Pedro nutzte die kühlen Morgenstunden gut aus. Da galt es, nach Möglichkeit eine weite Strecke zurückzulegen. Um die Mittagszeit herum mußte er es dem Pferd überlassen, zu traben oder gar im Schritt zu gehen.

Als Wegweiser dienten ihm Bodenerhebungen, auffallende Baumgruppen und Felsblöcke, denn die Spuren, die sie vor zehn Tagen hinterlassen hatten, waren vom Regen längst verwischt.

Seit seiner frühesten Kindheit hatte er jedoch gelernt, sich im Sertão besondere Merkmale einzuprägen. Außerdem verließ er sich auf die Sonne, die ihm die Zeit ebenso wie die Richtung ansagte.

Ein richtiger Sertanejo findet sich jederzeit und überall zurecht. Pedro wußte selbst nicht, woran das lag. Er dachte gar nicht darüber nach und hielt es für selbstverständlich, daß er sein Ziel erreichte.

Das schloß nicht aus, daß er sich verirren konnte. Dann hatte er wahrscheinlich geschlafen oder etwas übersehen. Die Sonne zeigte ihm in diesem Falle einigermaßen die Richtung, so daß er bis jetzt immer wieder auf den richtigen Pfad gestoßen war.

Heute brauchte er nicht zu befürchten, vor Müdigkeit und Langeweile einzuschlafen. Der Schimmel sorgte für seine Munterkeit, und außerdem drängte die Zeit. Die Strecke, die sie auf dem Ritt mit den Leuten der Expedition in zwei Tagen zurückgelegt hatten, mußte er heute an einem Tag bewältigen. Eine größere Karawane ritt allerdings langsamer als ein einzelner Reiter. Heute gab es keine Rast, auch sah er sich nicht nach Wildfrüchten um.

Pedro verspürte keine Lust, allein irgendwo zu nächtigen. Er traute weder den Waldgeistern noch dem Jaguar. Die Geister hatte er zwar noch nicht gesehen, aber vom Jaguar wußte er, daß es ihn gab.

An diesem Tag sah er so viele Wildhühner und andere eßbare Vögel, daß er sich bereits ärgerte, das Schrotgewehr nicht mitgenommen zu haben. Mit der Winchester vermochte er zwar größere Tiere zu erlegen, im Notfall auch den Jaguar. In den meisten Fällen war es aber so, daß große Tiere vor das Schrotgewehr und Federvieh vor die Kugelbüchse liefen.

Am Nachmittag gelang es ihm, einen jungen Ameisenbären zu schießen. Er legte ihn vor sich über das Pferd und ritt beschleunigt weiter. Die Indianer würden sich freuen, wenn er mit Fleisch ankam.

Findling war so schnell, daß die Tiere keine Zeit fanden, die Flucht zu ergreifen. Deswegen galt Francisco als einer der erfolgreichsten Jäger. Pedro sah zwei Schlangen, doch hielt er nicht an, um sie zu erschlagen. Heute lag er im Wettstreit mit der Sonne, die ihn zu besiegen schien. Jedenfalls neigte sie sich bedenklich dem Horizont zu, während er noch ein gutes Stück zu reiten hatte.

Plötzlich wieherte der Schimmel. Pedro sah sich verwundert um, und abermals wieherte das Tier. Da hielt er es an und lauschte. Von weit her klang ein gellender Schrei.

Den Jungen durchfuhr ein heftiger Schreck. Er wußte, daß er sich auf Findlings Schnelligkeit verlassen konnte, doch war ihm trotzdem unbehaglich zumute. In der Wildnis gab es nicht nur feindliche Indianer, sondern auch lichtscheues Gesindel, das nur von Raub und Totschlag lebte. Es sollte Gegenden geben, durch die ein Sertanejo nicht allein zu reiten wagte. Dieses Gebiet war aber bis jetzt immer sicher gewesen.

Zum zweitenmal ertönte ein langgezogener Schrei. Die Sonne stand knapp über dem westlichen Horizont.

Pedro wußte, daß Indianer sehr laut schreien können und daß sie sich auf diese Weise zu verständigen pflegen. Vielleicht hatten sie ihn bereits entdeckt und gaben ihm ein Zeichen.

Eigentlich war es unwahrscheinlich, in der Nähe eines Indianerlagers fremde Menschen oder gar Banditen anzutreffen. Die roten Söhne der Wildnis sorgten nötigenfalls durch Gewalt für Ruhe und Ordnung in ihrem Gebiet.

Abermals erklang der Schrei. Da änderte Pedro die Richtung und ließ den Schimmel galoppieren, denn in ganz kurzer Zeit würde die Dunkelheit hereinbrechen.

Ja, jetzt erkannte er den Hügel, auf dem er mit Ricardo gestanden hatte, als sie damals die Indianer entdeckten, und auf dem Hügel bewegten sich zwei Gestalten! Da stieß er ebenfalls einen lauten Schrei aus und sprengte triumphierend auf sie zu.

Es waren die indianischen Freunde. Sie freuten sich, ihn zu sehen, und als sie den toten Ameisenbären sahen, schrien sie vor Begeisterung so, daß alle Männer, Frauen und Kinder zusammenliefen.

Es war eine Begrüßung, als wäre ein seit langem vermißtes Stammesmitglied heimgekehrt. Pedro brauchte gar nicht nach dem zurückgelassenen Pferd zu fragen, denn es stand gesund und ausgeruht unter einem Baum.

Es war rasch dunkel geworden. Mehrere Feuer loderten auf. Einige Männer und Frauen kümmerten sich sofort um die Jagdbeute und bereiteten sie zu. Zwei Frauen schickten sich an, dazu frische Maniokfladen zu backen. Der Häuptling schlug Pedro freundschaftlich auf die Schulter und sagte: »Wir werden heute noch ein Fest feiern. Das ist immer so, wenn wir froh sind.«

Pedro war damit einverstanden. Ihm schmerzten nach dem Ritt zwar alle Glieder, doch erholte er sich rasch. In einer Hütte konnte er seine Hängematte ausspannen. Der Hausherr war jener Indianer, der außer dem Häuptling ein wenig Portugiesisch sprach. Er hatte eine Frau und einen kleinen, etwa einjährigen Jungen.

Außer dieser Familie wohnten in dem Haus zwei vierzehn- bis fünfzehnjährige Geschwister, die zu Pedro sehr freundlich waren. Sie suchten einige Brocken Portugiesisch zusammen und wollten ihn immer wieder ins Gespräch ziehen. Unbändig lachten sie, wenn Pedro kein Wort verstand.

»Wie heißt du?« fragte Pedro den Jungen.

Der lachte nur, aber seine Schwester sagte ein Wort, das wie »Elka« klang. Pedro nannte ihn deswegen so und nicht anders, selbst als der Hausherr einen ganz anderen Namen nannte. Dieser ältere Indianer war der erwachsene Bruder des Geschwisterpaares. Ihre Eltern lebten nicht mehr.

In dem Haus gab es einen kleinen Hund, der immerzu winselte und bei allen Leuten Zuflucht suchte. Das Mädchen nahm ihn in die Arme und sagte zu Pedro: »Wauwau — viele, Piepiep — groß, Wauwau.« Dann tat sie so, als müßte sie sterben.

Mit Wauwau meinte sie Hunde, unter Piepiep konnte sich Pedro einen Vogel vorstellen, und der war gekommen und hatte die kleinen Hunde getötet.

»Ah«, sagte Pedro, »großer Vogel!«

»Groß!« riefen Elka und seine Schwester wie aus einem Munde.

»Bum!« machte Pedro und zielte wie über Kimme und Korn in die Luft.

»Bum!« schrien die Geschwister.

Trotz der Sprachschwierigkeiten unterhielten sie sich köstlich. Jeder Einfall rief neues Gelächter hervor. Es kamen noch andere Jugendliche und Erwachsene dazu, so daß bald in dem Raum eine recht laute Fröhlichkeit herrschte.

Als einzige Beleuchtung diente eine kleine Fackel, die einen süßlichen Duft verbreitete. Wie Pedro später erfuhr, war sie mit Bienenwachs getränkt. Sie war zu Ehren des Gastes entzündet worden.

Elka wollte von Pedro wiederholt etwas erfahren, wurde jedoch nicht verstanden. Der Hausherr übersetzte schließlich. »Er möchte wissen, wie lange du bleibst.«

»Morgen habe ich Zeit, aber dann muß ich reiten«, erwiderte Pedro.

Elka ergriff die in einer Ecke lehnende Winchester, zeigte auf sich und sagte: »Bum!«

»Ja, morgen«, gab Pedro lachend zu. Plötzlich stutzte er, wandte sich an den Hausherrn und fragte: »Großer Vogel ist in der Nähe?«

»Erst jetzt. Wir schießen ihn«, antwortete der Indianer.

»Ist er so groß?«

Pedro zeigte von der Wand an gemessen die Ausmaße eines Adlers.

»Größer«, bestätigten alle.

»Ich möchte ihn gerne haben«, ereiferte sich Pedro. »Er muß am Leben bleiben! Was verlangt ihr dafür?«

Die Indianer berieten sich. Elka wurde fuchsteufelswild, und nach geraumer Zeit übersetzte der Hausherr: »Großer Vogel hat kleine Hunde getötet. Der Vogel gehört Elka. Elka will ihn dir geben.«

»Dann bekommt Elka von mir das Buschmesser.«

Der Handel war rasch geschlossen.

Von draußen erklangen plötzlich laute Rufe. Alle liefen aus dem Haus, und Pedro ging einfach mit.

Zwei Männer und zwei Frauen zogen vorsichtig einen kleinen Erdhaufen auseinander. Bananenblätter wurden sichtbar, die als sorgsam zusammengefaltete Päckchen auf Holzkohle lagen. Die Blätter sahen jetzt braun aus, wie frisch gesotten. Nachdem sie geöffnet waren, kam gut durchgebratenes Fleisch zum Vorschein, das lecker aussah und noch besser duftete. Zwei Männer nahmen die Verteilung vor, so daß keiner zu kurz kam. Auch Pedro erhielt seinen Teil und ein Stück Maniokfladen dazu. Daraufhin setzten sich alle ans Feuer, um das noch dampfende Essen in Ruhe zu verzehren.

Obwohl die Indianer ihre Speisen ohne Salz zubereiteten, hatte es Pedro köstlich geschmeckt. Er war allerdings hungrig und hätte mit bestem Appetit auch trockenes Brot gegessen. Hinterher tranken alle aus kleinen Schalen Wasser, das in Kalebassen aufbewahrt wurde, und spülten ihre Hände ab.

»Nun sind wir satt und können tanzen«, sagte der Häuptling, der vom Nebenfeuer her zu Pedro kam.

Ein schwarz und rot bemalter, mit Federn geschmückter Indianer erhob sich, entfernte sich ein Stück, klapperte mit einer Rassel und fing an zu singen. Dann tänzelte er mit elastischen Schritten umher, während die anderen noch sitzen blieben.

Plötzlich erhoben sich die Frauen, traten zu dem Sänger, stellten sich in einer Reihe auf und sangen mit. Ihre Stimmen waren tiefer als die des Mannes. Ihre Füße bewegten sich im Tanze vor und zurück. So tanzten sie lange Zeit.

»Siehst du das zum ersten Mal?« fragte der Häuptling und ließ sich neben Pedro auf einen gefällten Baumstamm nieder. Alle Indianer saßen entweder auf Holz oder auf geflochtenen Matten.

»Ich war noch nie in einem Dorf«, gestand der Junge.

»Das ist kein Dorf«, meinte der Indianer. »Bald bauen wir größere Häuser. Dann mußt du uns besuchen.«

»Ich komme gern«, sagte Pedro, obwohl er daran dachte, daß er bald Felicidade verlassen würde, um in einer Kaffeefazenda zu lernen.

Die Männer fragten, ob er rauchen möchte. Pedro verneinte, worüber alle sehr lachten. Der Häuptling sagte, daß sie nicht rauchen könnten, weil kein Krümchen Tabak vorhanden wäre. Da lief Pedro rasch zu seinem Bündel, zog ein Stück Rollentabak hervor und schenkte es den Männern. João hatte ihm nämlich Tabak und Streichhölzer mitgegeben, um sich für die Pflege des Pferdes erkenntlich zu zeigen. Einige Männer schnitten den Tabak ganz fein, wickelten ihn in dünne Maisblättchen und pafften mit viel Vergnügen den Rauch in die Luft. Die anderen machten sich wohl nichts daraus, denn sie steckten den Tabak weg.

An diesem Abend ereignete sich sonst nichts weiter. Der Vorsänger und die Frauen tanzten noch lange, die Männer aber blieben an den Feuern, die allmählich niederbrannten. Pedro wurde müde, und als einer nach dem andern schlafen ging, legte auch er sich in seine Hängematte, um noch eine Zeitlang dem Gesang zu lauschen, der eigenartig wild und schön war.

Am nächsten Morgen wurde er noch bei Dunkelheit von Elka geweckt. Sie huschten zur Hütte hinaus und stießen draußen auf die Schwester. Elka ging zu den Pferden. Pedro hatte am Vorabend Sattel und Zaumzeug unter ein Blätterdach gehängt. Im letzten Augenblick fiel ihm ein, daß für zwei Pferde nur ein Sattel vorhanden war und daß drei Personen reiten wollten. Von Elka nahm er an, daß er ein Pferd lenken konnte, so daß er ihm den Sattel und den Braunen überließ, während er Findling nur eine Decke aufschnallte. Ihm machte es nichts aus, ohne Sattel zu reiten. Er schwang sich auf den Schimmel und gab Elka zu verstehen, daß er die Schwester hinter sich auf das Pferd heben sollte. Das war zwar kein bequemes Reiten, doch gab es keine andere Möglichkeit.

Pedro nannte Elkas Schwester Pequena, Kleine. Irgendeinen Namen mußte er ihr schließlich geben, um sie rufen zu können. Und sie selbst gewöhnte sich so schnell daran, als hätte sie nie einen anderen Namen besessen.

Jetzt sagte er: »Pequena, festhalten!« Dann ritt er los, daß unter Findlings leichten Eisen fast die Funken stoben.

Elka ritt ausgezeichnet. Er hatte bis vor zehn Tagen noch auf keinem Pferd gesessen, aber als das im Dorf gebliebene Tier wieder einigermaßen auftreten konnte, saß dauernd ein anderer Junge auf ihm. Selbst die Männer versuchten ihr Geschick im Reiten und hatten viel Spaß daran.

Jetzt blieb der junge Indianer neben Pedro, hielt nur mit einer Hand den Zügel und in der anderen Bogen und Pfeile. Pedro hatte die Winchester umgehängt und mehrere Stricke mitgenommen.

Noch herrschte die Nacht. Die Sterne standen am Himmel, der Mond verkroch sich hinter Wolken, aber auf der Erde lag schon ein Schimmer, der die nahe Morgendämmerung anzeigte.

Sie ritten wohl eine volle Stunde. Da hielt Elka an und band sein Pferd an einem Baum fest. Pedro und Pequena waren ebenfalls abgesprungen. Sie sprachen kein Wort. Elka ging lautlos voraus, und die beiden anderen folgten ihm.

Der junge Indianer blieb plötzlich stehen und übersah das Gelände. Vor ihnen lag ein dunkler Waldstreifen, in dem wahrscheinlich ein Bach sein Bett hatte. Um diese Zeit erwachten in den Bäumen die Affen und Vögel. Sie stimmten ihren Singsang und ihr Geschnatter an, als wollten sie dadurch die Sonne wekken, die seit kurzem den östlichen Horizont färbte.

Elka schritt immer noch lauschend auf den Waldstreifen zu, blieb wiederholt stehen und tat so, als müßte er im nächsten Augenblick die Waffe erheben. Ohne sich um die Begleiter zu kümmern, tauchte er im Buschwerk des dichten Mato unter. Pedro mußte sich eingestehen, daß er nicht ein solches Wagnis eingegangen wäre. Hier konnte hinter jedem Strauch ein Jaguar lauern. Der Indianer schien sich seiner Sache jedoch sicher zu sein, denn er richtete sich in einem Dickicht geradezu häuslich ein, indem er vorsichtig und fast geräuschlos die Zweige auseinanderbog und für alle drei Platz schuf.

Nachdem die Sonne den Horizont erreicht hatte, wurde es fast schlagartig hell. Sie lugte unter einer dunklen Wolkendecke hervor und zeigte sich nur wenige Minuten.

In diesem Augenblick fiel ein großer Vogel mit klatschenden Flügelschlägen in einen Baum ein. Er hockte hoch oben auf einem starken Ast und sah sich um.

Pedro erkannte in ihm sofort eine ausgewachsene Harpyie. Sein Herz klopfte heftig vor Freude, doch fragte er sich sogleich, wie sie diesen riesenhaften Adler einfangen könnten, ohne die nötigen Vorbereitungen getroffen zu haben?

Die Harpyie blieb nicht lange sitzen. Sie stürzte geradezu auf einen der unteren Äste des Baumes, von wo aus sie abermals Umschau hielt.

Elka hob ganz langsam seinen Bogen, legte einen Pfeil auf und tat so, als wolle er schießen. Das war aber nicht das richtige, wenn die Harpyie am Leben bleiben sollte. Pedro wäre ihm am liebsten in den Arm gefallen und machte bereits eine dementsprechende Bewegung, doch wurde er durch Pequena zurückgehalten. Wohl oder übel mußte er zusehen, was der junge Indianer tat. Und Elka schien zu wissen, was er wollte. Mit unheimlicher Ruhe spannte er den Bogen. Seine Augen waren fast zusammengekniffen. Sekundenlang blickte er über die Pfeilspitze hinweg nach dem Adler. Jeder Muskel an ihm war gespannt.

Und dann flog der Pfeil von der Sehne! Pedro sah, wie der Adler von dem Ast gerissen wurde und wild flatternd zu Boden stürzte. Im gleichen Augenblick flitzten Elka und Pequena aus dem Busch, um in der Richtung des Adlerbaumes zu verschwinden. Als Pedro ihnen folgte, sah er sie mit dem großen Vogel am Boden kämpfen. Elka hatte ihn an den Fängen gepackt, während die Schwester Kopf und Schnabel des wild gewordenen Tieres umklammerte. Pedro fragte nicht lange, nahm einen Strick und umwickelte die Harpyie so, daß sie sich nicht mehr bewegen konnte.

Der Pfeil hatte den rechten Flügel durchbohrt, jedoch ohne den Knochen zu verletzen. Die Harpyie war durch den Anprall und den Schreck zu Boden gefallen, keinesfalls aber infolge der Verletzung. Nur durch das blitzschnelle Auftauchen der Geschwister war es möglich gewesen, sie am Boden zu überwältigen. Der Pfeil steckte zwar noch in ihrem Flügel, doch hätte sie ihn wahrscheinlich bei den ersten Fluchtversuchen zerbrochen oder gar abgeschüttelt. Elka brach den Pfeil mittendurch und zog ihn mit einem Ruck aus der Wunde.

Der Meisterschuß des jungen Indianers versetzte Pedro in

helle Begeisterung. Eine solche Treffsicherheit hätte er bei keinem Menschen für möglich gehalten. Selbst mit einem Gewehr wäre es ihm nicht gelungen, den Flügel ohne Knochenverletzung zu durchschießen. Die Wunde war so geringfügig, daß das Tier kaum darunter zu leiden haben würde.

Elka hielt Pedros Fesselkünste für ungenügend, weswegen er eine Gerte holte, die er geschmeidig machte und um die Fänge der Harpyie wickelte. Danach besprachen sich die Geschwister. Elka gab Pedro zu verstehen, bei dem Adler zu bleiben und gut auf ihn zu achten, während sie einen bestimmten Baum suchen wollten. Pedro brauchte gar nicht lange zu warten. Die Geschwister kamen mit meterlangen Baststreifen zurück, die sie von einem Baumstamm abgezogen hatten. Elka setzte sich neben Pedro und fing an, einen länglichen Korb zu flechten. Pequena bereitete die Streifen vor.

So entstand im Verlauf einer Stunde ein seltsamer Korb, der einer Walze ähnelte und der vorn und hinten einen abnehmbaren Deckel besaß. Er war groß genug, um die Harpyie aufzunehmen, aber viel zu eng, als daß sie in ihm ihre ganze Kraft hätte entfalten können. Pedro glaubte, daß es schwierig wäre, den Adler zu entfesseln, aber Elka verstand es, das Tier ganz geschickt aus der Umwicklung heraus in den Behälter zu schieben. Danach verlangte er nach den Pferden.

Während Pedro die Tiere holte, überlegte er sich, wie er den Korb transportieren sollte. Elka zögerte nicht lange. Er befestigte ihn auf der einen Sattelseite des Braunen und hängte ein Stück Holz als Gegengewicht auf die andere Seite. Daß der Adler dabei ein wenig gedrückt wurde, störte ihn nicht. Das Leben der Indianer ist so hart, daß sie auch den Tieren gegenüber kein Mitleid kennen.

Als nun alles gut verpackt war und Pedro freudestrahlend den kostbaren Fang betrachtete, tippte Elka auf das Buschmesser. Mit dieser Handbewegung drückte er aus: Die Harpyie gehört dir, nun gib mir das Messer.

Das ließ sich Pedro nicht zweimal sagen. Glückstrahlend überreichte er dem roten Freund das Messer, das nicht neu, aber immerhin erprobt und zuverlässig war. Er bedauerte aufrichtig, für

Pequena nichts zu besitzen. Seine Taschen waren leer, aber der ärgste Riß in seiner Hose war mit einer Sicherheitsnadel zusammengesteckt, und diese Nadel gab er ihr.

Nun ritten sie nicht mehr, sondern liefen einträchtig nebeneinander durch den lichten Sertão, gefolgt von den beiden Pferden.

Pedro wäre am liebsten noch an diesem Tag davongeritten, zumal er langsamer reiten mußte, um die Harpyie nicht doch noch zu verletzen. Elka wollte jedoch davon nichts wissen. Er hatte sich vorgenommen, mit Pedro auf die Jagd zu gehen, damit er mit der Winchester schießen konnte. Das durfte ihm Pedro nicht verwehren. Deswegen blieb er im Lager und lief mit seinem indianischen Freund weit umher. Als jener endlich sagte, daß sie genug hätten und nach Hause gehen könnten, da hatten sie bereits drei Hokkos, große Waldhühner, einen Arara und einen großen Leguan erlegt.

Elkas erster Schuß war bereits ein Treffer. Die Indianer besaßen zwar ein Gewehr, jedoch wenig Munition, so daß sie selten genug damit auf Jagd gehen konnten. Das Gewehr hatten sie vor langer Zeit erbeutet, als sie mit Caboclos in Fehde lagen und die Hütten der Siedler abgebrannt hatten. Sie sprachen nicht gern darüber, aber geblieben war das Gewehr.

So verging auch dieser Tag. Am Abend wurde wieder getanzt, bis ganz plötzlich heftiger Regen einsetzte und die Leute in die Hütten trieb.

Der Häuptling war es, der Pedro weckte. »Du hast einen weiten Weg vor dir«, sprach er leise, um die anderen nicht zu stören. Er half dem Jungen, das Zeug ins Freie zu tragen und die Pferde zu bepacken. Dann steckte er ihm noch ein Stück Fleisch und einen runden Maniokfladen zu. Elka und einige andere Indianer hatten sich ebenfalls eingefunden.

»Reite immer geradeaus«, riet der Häuptling. »Meide den Wald. So triffst du keinen Jaguar. Zwei unserer Männer sind dir vorausgegangen. Du wirst ihnen begegnen.«

Pedro umarmte alle der Reihe nach. Noch einmal sagte er Lebewohl, schwang sich auf sein Pferd und ritt davon.

DIE REGENZEIT GING ZU ENDE. Die Flüsse verloren ihre lehmbraune Färbung und führten an manchen Tagen bereits wieder kristallklares Wasser.

Um diese Zeit brachte Francisco Alfieri einen Missionar ins Dorf, der zu den Indianern gehen wollte. Dieser fromme und gelehrte Mann kam zwar mit den besten Absichten, doch ohne jegliche Erfahrung in den Sertão. Er glaubte, daß Felicidade der richtige Ort wäre, um von hier aus mehrere Indianerstämme zu bekehren.

Der Präfekt, an den sich der Missionar zuerst wandte, hielt sich zwar für einen frommen Menschen, doch stand er dem Geistlichen ziemlich ratlos gegenüber. Er mußte ihm gestehen, daß er selbst noch kein Indianerdorf besucht habe. »Ich glaube«, sagte er, um jegliche Verantwortung von sich abzuschieben, »daß Sie sich an den Indianerschutzdienst wenden sollten. Der Posten weiß, wo die nächsten Dörfer liegen, und könnte Ihnen in jeder Hinsicht behilflich sein.«

»Sie irren«, widersprach der Missionar, »denn der Posten wird mir die größten Schwierigkeiten bereiten. Die Postenführer glauben, allein mit dem Indianerproblem fertig zu werden. Es gibt keine Zusammenarbeit zwischen der Mission und dem Schutzdienst.«

Das wußte der Präfekt nur zu gut, und er hütete sich, dem Schutzdienst in den Rücken zu fallen. Als Staatsangestellter und Hüter der Ordnung war er verpflichtet, den Posten bei seinen Bemühungen zu unterstützen, mit den nächstliegenden Indianerstämmen freundschaftliche Beziehungen anzubahnen. Wenn er den Missionar auch nur die kleinste Hilfe gewährte, bekam er Krach mit dem Postenführer.

Um Zeit zu gewinnen, lud er den Missionar ein, vorerst in seinem Hause als Gast zu bleiben, und beriet sich mit Francisco und dem Senhor Professor. Raymundo Fonsêca hatte noch keinen »wilden« Indianer gesehen, doch war auch er dem Staat verpflichtet und mußte demzufolge auf der Seite des Postens stehen.

Francisco überlegte nicht lange und schlug vor: »Ganz einfach, wir setzen uns auf die Pferde und reiten zum Posten, ohne daß es der Missionar weiß.«

»Können wir das, als fromme Anhänger der Kirche?« wagte der Präfekt einzuwenden.

»Nur eins können Sie tun«, erwiderte nunmehr auch der Professor. »Entweder entscheiden Sie sich für den Missionar oder für den Posten. Sie sind jedenfalls nicht hier, um die Indianer zu befrieden. Das ist die Sache des Postens.«

»Ganz recht. Wir reiten morgen in aller Frühe los und sind am Nachmittag beim Posten. Bitte, machen auch Sie mit, Senhor Professor. Ich werde Ricardo bitten, die Kinder einige Stunden zu beschäftigen.«

Der Postenführer staunte nicht wenig, als er so unerwartet den Präfekten mit seinen Begleitern auftauchen sah, denn der Präfekt ließ sich sonst nur einmal im Jahr bei ihm sehen.

Der Posten unterstand nicht der Präfektur und arbeitete wie ein eigenes kleines Staatsgebilde. Senhor Lino Monte war ein kleiner, sehr beweglicher und dunkelhäutiger Mann. Er gehörte seit fünfzehn Jahren dem Indianerschutzdienst an und hatte an mehreren Stellen Posten eingerichtet. Dabei waren ihm mehr als einmal Pfeile um die Ohren geflogen, weil die Indianer mißtrauisch waren und die Errichtung eines Postens in ihrer Nähe verhindern wollten. Aber das war es, was den kleinen Mann reizte, immer wieder woanders anzufangen. Er liebte durchaus nicht die Gefahr, sondern setzte seinen Ehrgeiz darein, feindliche Indianer zu befrieden. War ihm das gelungen, ging er in eine andere Gegend.

Jetzt suchte Lino Monte einen sehr gefährlichen Stamm, der irgendwo im nahen Bergland lebte und der nur alle drei oder vier Jahre auftauchte, um eine Siedlung zu überfallen und mehrere Tote zurückzulassen. Seit zwei Jahren stand er diesem Posten vor.

Seine Helfer waren drei Caboclofamilien, während er selbst unverheiratet blieb, um, wie er sagte, keine trauernde Witwe zu hinterlassen. Oft kamen zu ihm befreundete Indianer, denen er das schenkte, was sie dringend benötigten, vor allem Äxte, Messer und Hacken. Die roten Kinder der Wildnis waren bescheiden und freuten sich sehr, wenn sie darüber hinaus noch gepreßten Rohrzucker und Reis bekamen.

Die Männer des Postens wachten streng und gewissenhaft über ihren großen Bezirk, in dem nach staatlichem Gesetz kein Nichtindianer siedeln durfte. Jeder Fremde, der sich mit den Indianern in Verbindung setzen wollte, mußte sich an den Posten wenden, und wenn er kein Regierungsschreiben besaß, wurde er wieder nach Hause geschickt. Lino Monte war hier unumschränkter Herrscher, dem sich in diesem Punkte sogar der Präfekt hätte fügen müssen.

Der Präfekt hütete sich, mit einem solchen Mann Streit anzufangen. Wenn sie sich trafen, schüttelten sie sich in aufrichtiger Freundschaft die Hände. So war es auch diesmal, als der Präfekt mit dem Professor und Francisco angeritten kam.

Lino Monte lebte nicht schlecht. Eine der Caboclofrauen kochte für ihn und führte seine Wirtschaft. Da war kein Stäubchen zu sehen und kein Fleck auf dem weißen Tischtuch. Selbst der Besuch eines Präfekten konnte ihn nicht in Verlegenheit bringen.

Ein kleiner Bungalow, in dem sich sogar einige mit Moskitonetzen versehene Betten befanden, diente als Gästehaus. Er stand auf dem hohen Ufer eines Seitenarmes des Tocantins und wurde selten benutzt, weil nur wenig Besucher kamen. Wenn es nötig wurde, lagen kranke Sertanejos oder Indianer darin, doch erfuhren das die Gäste nicht.

Der Postenführer Lino Monte galt als ein Helfer in tausend Nöten. Siedler und Indianer kamen von weit her, um seinen Rat und seine Hilfe in Anspruch zu nehmen. Da er selbst neben einigen guten Pferden auch ein größeres Flußboot besaß, war er häufig unterwegs. In seinem Bezirk konnte nichts geschehen, ohne daß er es wußte; dafür sorgten schon die Indianer eines in der Nähe liegenden und seit langem befriedeten Dorfes. Sie trugen ihm alle Neuigkeiten zu und erwarben sich so bei ihm Reis und viele andere Dinge.

So kam es, daß er bereits von dem Missionar gehört hatte, bevor ihn der Präfekt davon unterrichtete. Er tat zwar so, als wüßte er nichts, doch zeigte er sich keinesfalls überrascht.

»Ich kann nicht viel dazu sagen«, meinte er, als der Präfekt seine Ausführungen beendet hatte. »Sie kennen unseren Standpunkt, Senhores. Die Mission hat Stützpunkte angelegt, ohne sich mit uns in Verbindung zu setzen. Sie ignoriert uns, arbeitet ohne staatliche Genehmigung und faßt das Indianerproblem von einer ganz anderen Seite an als wir. Das hat uns getrennt. Mit kirchlicher Einstellung hat das nichts zu tun. Der Missionar kann keine Hilfe von mir erwarten.«

»Das weiß er, und er wird auf eigene Faust zu den Indianern gehen«, meinte der Präfekt.

»Dann wird er verlassene Dörfer vorfinden, keinem Menschen begegnen und die Zwecklosigkeit seines Unternehmens einsehen. Solange er den Indianern nicht mehr bieten kann als wir, stehen sie auf unserer Seite. Versucht er es womöglich bei einem feindlich gesinnten Stamm, dann sehen Sie ihn nicht wieder.«

»Vielleicht läßt er es darauf ankommen.«

»Es wäre schade um den Mann. Die Indianer lassen nicht mit sich spaßen. Sie wehren sich gegen eine Einmischung in ihre Gepflogenheiten. Es gibt Missionare, denen es wirklich gelungen ist, die Herzen der Indianer zu gewinnen und von denen auch wir vom Schutzdienst nichts Nachteiliges sagen können, doch hat es auch welche gegeben, die aus der Befriedung eine Versklavung gemacht haben. Sie haben die Indianer in Hemd und Hose gesteckt, getauft und für Fazendeiros arbeiten lassen. Sie starben an Überarbeitung und Krankheiten aller Art. Sie, die nie einen Tropfen Alkohol angerührt hatten, wurden zu Säufern, Dieben und Mördern. Ganze Stämme gingen zugrunde.«

Lino Monte holte tief Luft und redete sofort weiter.

»Nein, die Indianer sind nicht dumm, Senhores, und sie sehen weniger die guten Taten der Missionare als die schlechten der Fazendeiros und anderer Unternehmer, die nur auf ihren Gewinn bedacht sind, denen das Leben eines Indianers nichts gilt. Sie haben dazugelernt und sind gegen die Zivilisation mißtrauisch geworden. Wir vom Posten sind dafür, sie so zu lassen, wie sie sind, verlangen nichts von ihnen und geben ihnen das, was sie dringend brauchen. Vor allem müssen wir sie vor den Krankheiten schützen, gegen die sie keine Abwehrstoffe haben. Ist uns das gelungen, können wir sie allmählich der Zivilisation anpassen, doch befürchte ich, daß wir dies nicht so erreichen werden, wie wir uns das wünschen. Ein Besucher mit Grippebazillen, der selbst kerngesund ist, kann den Tod eines ganzen Stammes herbeiführen. Wir können die Zeit nicht anhalten, und Veränderungen, die ihr Leben gefährden, werden schneller über die Indianer hereinbrechen, als unsere Bemühungen um eine schrittweise Zivilisation ihnen wirklich helfen können. Aber solange ich Postenführer bin, werde ich alles tun, um die Katastrophe zu verhindern. Mir geht es um die Erhaltung dieser Menschen, und wenn sie an ihre eigenen Götter und Waldgeister glauben, so wird ihnen unser Herrgott deswegen nicht böse sein, denn sie haben es nicht besser gewußt.«

»Das ist schon richtig«, sagte der Präfekt, »doch erzählen Sie das mal unserem Missionar.«

»Schicken Sie ihn doch her«, schlug Lino Monte vor. »Ich bringe ihn kostenlos nach Carolina zurück. Sagen Sie ihm klipp und klar, daß Sie mit mir gesprochen haben und daß Sie gegen unsere Bestimmungen nicht ankommen können. In allen Indianerangelegenheiten entscheide ich, so wie ich mich hüten werde, mich in Ihre Angelegenheiten zu mischen.«

Der Präfekt ritt mit seinen Begleitern nach Felicidade zurück und nahm sich vor, im Sinne des Postenführers mit dem Missionar zu sprechen. Er hatte jedoch kaum den Posten erwähnt, als der Geistliche erwiderte: »Lassen Sie mich mit dem Posten in Ruhe, Senhor. Die Mission ist kein Posten, sondern arbeitet. Und was tut der Posten? Er unternimmt nichts, gibt den Indianern ein wenig Reis, ein Messer und einen Topf dazu und schickt sie wieder in die Wildnis zurück. Ich kann Ihnen Fälle nennen, wo der Postenführer alles veruntreut hat, was den Indianern zukommen sollte.

Die Mission leistet dagegen tatkräftige Hilfe. Sie unterhält Krankenhäuser, richtet nicht nur für die Siedler, sondern sogar für die Indianer Schulen ein und unterrichtet die älteren handwerklich. Wir haben viele Stämme der Wildnis dem dunkelsten Heidentum entrissen und diese Indianer zu christlichen Menschen erzogen. Wer das nicht einsehen will, dem ist nicht zu helfen.«

Nach diesen Worten wußte der Präfekt nicht, was er noch sagen sollte. Der Missionar hielt in Felicidade zwei Gottesdienste ab und erbat sich zwei Pferde, um, wie er sagte, die Gegend ein wenig anzusehen. Eine Begleitung lehnte er ab. So ritt er eines Tages in die Wildnis hinein. Traurig blickten ihm die Leute nach, denn er war ein freundlicher Mann.

SCHWIMMEN WAR EINE SELBSTVERSTÄNDLICHKEIT für alle in Felicidade. Kein Kind konnte sagen, wann es damit angefangen hatte, so wie sich keines an die eigenen Gehversuche erinnerte. Ein kleines Caboclokind trippelt ans Wasser, planscht herum, macht es den anderen nach und schwimmt los, ohne ängstlich zu sein.

Die allgemeine Schwimmweise war die, zu kraulen und dabei mit der rechten Hand besonders kräftig ins Wasser zu schlagen. Dadurch sollten Piranhas und andere unliebsame Tiere vertrieben werden.

Während der Regenzeit gingen die Kinder von Felicidade zwar täglich ins Wasser, doch schwammen sie keine weiten Strecken. Keiner sagte ihnen, weshalb sie es nicht tun sollten, weil es vielleicht kein Mensch hätte sagen können. Solange das Wasser lehmig war, begnügten sich Junge und Alte mit mehrmaligem Untertauchen, wobei sie sich hüteten, tiefe Stellen aufzusuchen.

Sobald das Wasser klarer wurde, setzte reger Badebetrieb ein. Die Männer badeten während ihrer Tätigkeit am Fluß, die Frauen beim Wasserholen und die Kinder nach dem Unterricht. Jetzt schwammen sie wieder zum jenseitigen Ufer und gaben sich Mühe, von der Strömung recht wenig abgetrieben zu werden. Die Jungen tauchten, solange es ging. Kein Mädchen konnte es mit den Jungen aufnehmen, obwohl auch sie mutig ihre Köpfe unters Wasser steckten, um bald danach verschämt lächelnd hochzukommen.

»Mädchen sind nun mal so«, sagten die Jungen mit einem verächtlichen Tonfall.

»Wenn sie wollen, müssen wir uns geschlagen geben«, wagte Pedro zu widersprechen.

»Hört euch das an!« rief Emilio ganz aufgebracht. »Er tut gerade so, als hätten die Mädchen jemals beim Tauchen etwas Besonderes geleistet.«

»Trotzdem wette ich, daß diese oder jene besser ist«, trotzte Pedro.

»Diese Wette nehmen wir an. Worum geht es? Ich setze mein neues Taschenmesser. Und was gibst du, Pedro?«

»Ich habe kein Taschenmesser.«

»Wenn du deiner Sache so sicher bist, kannst du ja dein neues Buschmesser setzen.«

Pedro zog ein mürrisches Gesicht. Das Buschmesser hatte er von Ricardo bekommen, nachdem er sein altes für die Harpyie hergegeben hatte. Da er auf Iras' Tauchkünste baute, ging er auf Emilios Vorschlag ein.

Nun mußte er Iras für diese Sache gewinnen. Wenn sie nicht mitmachte, war er blamiert. Kein anderes Mädchen war in der Lage, es mit den Jungen aufzunehmen.

Iras lehnte natürlich ab. Da ging Pedro zu seinen Schwestern Ines und Sarita und erzählte von der Leistung des kleinen Negerkindes. Die Schwestern waren verblüfft. Sie bestürmten Iras, ihre Kunst zu zeigen, doch die weigerte sich immer noch.

Pedro versprach ihr Bonbons, einen kleinen Papagei und einen neuen Strohhut, nur damit sie ja sagte. Sie schüttelte hartnäckig den Kopf.

»Tu es doch ihm zuliebe«, drängte Sarita.

Iras knotete schüchtern einen Zipfel ihres Kleides um ihre Hände, dann nickte sie und lief davon.

»Bist du deiner Sache so sicher?« fragte Sarita, als die Geschwister allein waren.

»Ich war ja dabei, als sie den Fluß zweimal tauchend durchschwamm«, ereiferte sich Pedro. »Jetzt steht das Wasser zwar höher, auch ist es breiter, doch braucht sie nicht die ganze Strecke zu bewältigen, weil es nur darum geht, die Jungen zu überbieten. Und von denen schafft keiner die ganze Breite bei normalem Wasserstand.«

Bereits am nächsten Tag waren alle Kinder am Fluß versammelt. Es ging darum, die Wette auszutragen. Die Mädchen waren zwar sehr stolz auf Pedros Vertrauen, nur wußten sie nicht, wer von ihnen in Frage käme. Zuerst ging es darum, wer anfangen sollte.

Emilio versteckte in seinen Händen ein Hölzchen und ließ die Mädchen raten. Zogen sie es, mußten die Jungen zuerst ins Wasser gehen. Sie mußten es, weil Sarita das Hölzchen fand.

Pedro brauchte nicht mitzumachen, weil er, da es um sein Buschmesser ging, sowieso nicht weit geschwommen wäre. Jeder Junge sollte dort stehenbleiben, wo er aufgetaucht war.

»Blöd«, sagte ein Dreikäsehoch. »Wie soll ich stehen, wenn ich keinen Grund finde?«

»O ihr klugen Kinder!« rief ein Mädel und griff sich an den Kopf. »Uns interessiert nur der, der am weitesten taucht, und der wird wohl drüben stehen können.«

»Das ist wahr«, sagten die Jungen.

»Trotzdem müssen wir einen Kontrollposten aufstellen. Wer nicht so weit tauchen kann, schwimmt hinüber und paßt auf.«

Daraufhin wollten alle Mädchen ins Wasser gehen und hinüberschwimmen.

»Und was wird aus der Wette?« schrien die Jungen.

Da blieben einige zurück und berieten sich.

Kopfüber sprangen die Jungen ins Wasser, tauchten sofort weg und strengten sich an, recht lange ohne Luft auszukommen. Bereits in der Flußmitte kamen die ersten hoch. Ganz überraschend siegte Emilio. Er hatte Fuß gefaßt und stand bis zur Brust im Wasser.

»Nun macht aber schnell!« rief er den Mädchen zu. »Lange halte ich es in der Strömung nicht aus.«

»Laß dich nicht von einem Krokodil anknabbern«, neckten ihn die im flachen Wasser stehenden Jungen. Dort hatten sie sich alle versammelt, um die Mädchen zu beobachten, die jetzt an der Reihe waren. Nur sechs sprangen vom Ufer hinab. Die kleine Iras war dabei. Sie wurde kaum beachtet, weil sie die Kleinste war.

Die Schwestern Sarita und Ines schwammen recht gut, während die anderen Mädchen rasch auftauchten und nicht einmal die Flußmitte erreichten.

»Wo bleibt Iras?« fragte ein Junge, der nur zusah.

»Wo steckt sie denn?« wunderten sich die anderen.

Alle sahen sich nach ihr um, doch war sie weg, als hätte sie der Fluß verschlungen. Einige Kinder wurden ängstlich. Da rief Pedro laut und deutlich: »Paßt nur gut auf, daß sie euch nicht in die Beine beißt!«

Tatsächlich tauchte sie genau vor den im seichten Wasser stehenden Kindern auf. Sie konnte nicht länger tauchen, weil das Wasser zu flach geworden war.

Die Kinder schrien wie wild und umtanzten Iras, die wie meist, wenn sie im Mittelpunkt stand, verlegen aussah und nicht wußte, was sie sagen sollte. Die Mädchen tobten ausgelassen, weil sie gewonnen hatten, und die Jungen gaben sich in ehrlicher Bewunderung geschlagen.

»Wie kommt es, daß du so weit unter Wasser schwimmen kannst?« fragten sie Iras.

»Bei uns daheim war ich nicht die Beste«, erzählte sie leise. »Die Jungen waren viel besser, auch meine Schwestern konnten weiter tauchen.«

»Wo seid ihr geschwommen?«

»Im Fluß lag eine lange Sandbank, und zwischen ihr und dem Ufer hat es niemals Krokodile und Piranhas gegeben. Dort konnten wir sehr weit schwimmen und tauchen.«

»Ja, das ist es«, sagte Emilio, um sich und die anderen zu entschuldigen, »unser Fluß ist viel zu schmal. Wäre er breiter, könnten wir auch besser schwimmen.«

Im Grunde genommen hatte Emilio recht. Keinem Menschen wäre es eingefallen, mit der Strömung zu schwimmen. Sie schwammen alle nur über den Fluß. Vielleicht wäre ein längerer Aufenthalt im tiefen Wasser zu gefährlich gewesen. Da gab es viele auf dem Grund liegende Bäume und Tiere, mit denen man lieber nicht in Berührung kommen wollte.

MIT KROKODILHÄUTEN WAR GELD ZU VERDIENEN. In allen zivilisierten Ländern gibt es Damen, die Handtaschen und Schuhe aus diesem Leder tragen wollen. Die Jäger trieben es vielerorts so toll, daß sie die großen Echsen ausrotteten. Wo sich früher die Krokodile zu Tausenden tummelten, ist heute nicht eins mehr zu finden. Damit die Tiere nicht vollständig ausstarben, wurden sie gebietsweise unter Schutz gestellt. Wer kümmert sich jedoch in der Wildnis um ein Gesetz, das in einer weit entfernten Stadt erlassen wird? Die Jagd auf die Panzerechsen wurde unerbittlich fortgesetzt.

Als die Indianer die alleinigen Herrscher in Südamerika waren, besaßen die Krokodile keine Feinde. Damals gab es so viel anderes Wild, daß die Menschen darauf verzichteten, das weiße und sogar gutschmeckende Fleisch der großen Echsen zu essen. Mit den Häuten wußten sie sowieso nichts anzufangen, weil ihre Frauen keine Handtaschen trugen.

Mit der Einwanderung der Weißen wurde alles anders. Das war für die dortigen Menschen, Tiere und Wälder das größte Unglück. Im Bergland der Kordilleren fanden kulturell hochstehende Völker ihren Untergang, in den Urwäldern des Tieflandes wurden die Indianer gejagt und erbarmungslos niedergemacht, und die Wälder fielen unter den Axthieben der Kolonisatoren, so daß die Tiere sich in die unwirtlichsten Gegenden zurückziehen mußten, wo auch die letzten Indianer lebten.

Seitdem ging es im ganzen Amazonasgebiet, in Mato Grosso, Goiás und anderen Staaten des Interiors bergab mit den eingeborenen Menschen und Tieren. Alle Versprechungen von seiten der Weißen waren nur Hohn, alle Verordnungen standen nur auf dem Papier. Die meisten Bewohner waren und blieben arm, ganz gleich, ob sie Weiße, Indianer, Mischlinge oder Neger waren. Nur einige wenige Fazendeiros schwammen im Gelde.

Und die armen Caboclos wollten ebenfalls Geld verdienen und ein wenig an dem Reichtum teilhaben. Sie schossen alles, mit dem Geld zu machen war, vom Affen bis zum Jaguar, von der Schildkröte bis zum Krokodil. Daß sie sich selbst dadurch arm machten, indem sie alles Wild ausrotteten, daran dachten sie nicht. Sie merkten es erst, als nichts mehr vorhanden war.

Fliegende Händler befuhren mit größeren Booten die Flüsse und kauften alle Felle und Häute auf. Sie waren gerissen, hielten zusammen und hüteten sich, hohe Preise zu bezahlen. Sie drückten ganz im Gegenteil die Preise derart, daß es kaum noch lohnte, für die Tiere eine Kugel zu verschwenden. Um die Patronen zu sparen, gingen die Männer mit Speeren, Netzen, Schlingen und dem blanken Messer auf Jagd.

Die Jäger machten sich nichts aus Heldentum. Sie kannten dieses Wort nicht einmal. Da sie kein Geld besaßen und leben wollten, mußten sie ihre Furcht überwinden und tapfer sein. Um nicht zu unterliegen, beobachteten sie die Tiere. Sie wußten schließlich ganz genau, wo und wann dieses oder jenes Tier angriff, aber gerade durch diese Beobachtungsgabe der Menschen gerieten die Tiere immer mehr in Nachteil.

Mancherorts hatten sich die Jäger notgedrungen auf den Feldbau umgestellt, obwohl sich für ihre Erzeugnisse nur geringe Absatzmöglichkeiten boten. Sie hatten eingesehen, daß es zuwenig Tiere gab, um von ihrem Verkauf leben zu können. Hin und wieder ergriffen sie das Gewehr, durchstreiften den Mato und erlegten ein Tier, aber eigentliche Jäger waren sie nicht mehr. Dadurch erholte sich der Tierbestand wieder etwas. Die Jagd hatte jedoch ihre Bedeutung verloren, und die Männer dachten nicht daran, sie wieder aufzunehmen. So war es vor allem in jenen Gebieten, in die keine Händler kamen.

In Felicidade jagten nur einige Männer, doch interessierte sich keiner für Panzerechsen. Deshalb hatten sich diese Tiere in den letzten Jahren gut vermehrt und lebten jetzt weit weg vom Ort in stillen Gewässern, zu denen kaum ein Mensch kam.

So hatte man in Felicidade mit Kaimanen bisher keine schlechten Erfahrungen gemacht. An anderen Orten war es vorgekommen, daß sie blitzschnell zwischen die Badenden fuhren und einen Menschen in die Tiefe zogen, auch konnten sie nachts auf dem Lande sehr gefährlich werden.

Die ganz großen, fast schwarzen Krokodile waren am gefürchtetsten. Sie erreichten die Größe eines mittleren Kanus und waren mit der Kugel kaum zu erlegen. Man hätte sie in ein Auge oder in die Kehle treffen müssen, doch waren sie auf der Hut und tauchten weg, bevor die Kugel kam.

Es gab Einzelgänger, die keinen Artgenossen in ihrem Bereich duldeten. Tagsüber lagen sie auf dem Grund eines stillen Sees, nachts schlurften sie über die Sandbänke und mitunter in den Wald hinein. Sie beherrschten versteckt liegende Tümpel und Teiche und blieben unsichtbar wie böse Geister. Keinem Jäger und keinem Indianer fiel es ein, in der Dunkelheit ihren Bereich zu betreten; es wäre glatter Selbstmord gewesen.

Ricardo sollte drei junge Kaimane einfangen. Er hatte diesen Auftrag bekommen, nachdem er den von Pedro so billig eingehandelten Adler verschickt hatte.

Das war wieder eine schwierige Aufgabe. Stellenweise kamen die kleineren Krokodile scharenweise vor, während die großen seltener waren.

»Wie ist es nun mit diesen drei Jacarés?« fragte Pedro seinen Onkel Ricardo.

»Wir werden sie fangen müssen«, antwortete der kleine dunkelhaarige Mann.

»Ich habe bisher nur ganz kleine erlegt.«

»Unverletzt müssen sie sein, mein Lieber, und möglichst über einen Meter lang. Außerdem will ich dir verraten, daß jetzt eine recht ungünstige Zeit ist, Krokodile zu jagen. Sie legen ihre Eier und greifen blindlings an.«

»Auch die kleinen?«

»Die nicht, aber wo die jungen sind, halten sich auch die alten auf. Trotzdem reiten wir in den nächsten Tagen zum Tocantins hinüber. Ich habe keine Lust, die Biester hier zu fangen und so weit zum Fluß zu schaffen.«

»Kennst du dort eine gute Stelle?«

»Die läßt sich erfragen. Jedenfalls mußt du wieder einmal zwei Tage die Schule schwänzen.«

Ricardo hatte darauf bestanden, daß João die Transporte zum Tocantins ohne Pedro durchführte, damit der Junge regelmäßiger dem Unterricht beiwohnen konnte. Sein Freund, der Kaffeepflanzer, hatte nämlich geschrieben, daß er bald eine Hilfskraft gebrauchen könnte. Nun sollte Pedro lernen, damit er nicht als Dummkopf in die Fremde ging.

Aber Ricardo war dafür, daß der Junge den Jacaréfang miterlebte, weil ein richtiger Sertanejo alles verstehen muß, was mit der Wildnis zusammenhängt. Sie ritten also eines Morgens los, erreichten den Fluß und zimmerten noch am gleichen Abend eine Kiste zusammen, damit sie die gefangenen Kaimane sofort unterbringen und mit dem nächsten Boot verschicken konnten.

Kaum waren sie mit dem Kistenbau fertig, trieb Ricardo schon wieder zur Eile an. Mit einem kleinen Kanu paddelten sie stromauf. Der Mond stand am Himmel und erhellte ein wenig die Nacht. Die Grillen zirpten vom Wald herüber, und Nachtvögel schrien, daß es sich wie eine schauerliche Klage anhörte.

»Bald erreichen wir eine Bucht«, wandte sich Ricardo leise an Pedro. Er lenkte das Boot von vorn, wie es hauptsächlich am oberen Amazonas gemacht wird. »Kein Wort darf gesprochen werden. Ich locke wie ein Jacaré. Wir werden nur die Augen der Tiere sehen. Wenn sie weit auseinander liegen, ist der Bursche zu alt. Ich zeige dir das richtige Augenpaar. Dann nimmst du die Taschenlampe und leuchtest mitten hinein. Das Tier muß geblendet sein. Alles andere überläßt du mir.«

»Gut«, erwiderte Pedro. Vorsichtig und kaum hörbar tauchte er sein Paddel ein.

Trotz der Dunkelheit schien die Wildnis nicht zu schlafen. Stimmen kamen auf, die tagsüber nicht zu hören waren. Ein geheimnisvolles Flüstern zog über den großen Fluß, in dem sich der Mond und die Sterne spiegelten. Glucksen und Schmatzen

drang von dem im Wasser stehenden Buschwerk herüber, Fische schnellten in die Luft und fielen klatschend zurück. Manchmal rauschte es in der Ferne; dort jagten wahrscheinlich Pirarucús oder Krokodile einen Fischschwarm.

Ricardo bog in eine Bucht ein, die tief in den Mato einschnitt. Sie paddelten noch ein langes Stück, bis sie zu einem wüsten Gestrüpp kamen, das aus abgestorbenen Bäumen und Strauchwerk bestand. Hier kam es ihnen so vor, als würden viele spiegelnde Lichter auf dem Wasser schwimmen.

Ricardo fing an zu bellen und mit der Hand auf die Brust zu schlagen. Der weitleuchtende Strahl seiner Stablampe huschte über die Wasserfläche und suchte das passende Augenpaar. Die Kaimane schienen gar nicht ängstlich zu sein. Pedro wußte selbst, daß einem Jacaré die Kugeln um die Augen sausen können, ohne daß es sich beeindrucken läßt. Erst wenn eine Kugel trifft, sinkt es unter.

In dieser Bucht waren wahrscheinlich alle großen Echsen ausgerottet worden, und die kleineren hatten noch keine trüben Erfahrungen gemacht. Auf dem Land flohen sie beim Auftauchen eines Menschen schnell über die Sandbänke hinweg, aber im Wasser glaubten sie unsichtbar zu sein. Hier befanden sie sich in ihrem Element.

Weder Ricardo noch Pedro bewegten sich merkbar. Ihr Kanu glitt lautlos an die Lichter heran. Der Strahl der Stablampe blendete die Tiere, und Ricardos Stimme klang so beruhigend wie die eines alten, kampferprobten Krokodils. Da blieben sie alle an der Wasseroberfläche liegen und streckten nur ihre Augen und Nasen in die Luft.

Während Ricardo beharrlich lockte, reichte er die Lampe nach hinten. Pedro hielt das angepeilte Augenpaar mit dem Schein fest. Ricardo tauchte noch einmal das Paddel ein, legte es weg und ergriff eine Schlinge. Ganz langsam trieb das Kanu weiter. Mehrere Lichter erloschen; die Tiere hatten sich einfach sinken lassen. Das geblendete konnte nichts sehen und mußte sich überlisten lassen. Ricardo sorgte dafür, daß ihre List gelang. Er warf die Schlinge aus kaum zwei Meter Entfernung und zog an.

Jetzt war plötzlich der Teufel los! Der Jäger kämpfte auf der einen Seite, der junge Kaiman auf der anderen. Das Wasser spritzte hochauf. Im Nu waren die Augenpaare der anderen verschwunden. Die Stablampe erlosch. Pedro hatte die Leine gepackt und zog daran, während Ricardo das Jacaré zu fassen bekam und aus dem Wasser zerrte. Solange das Tier Wasser spürte, gebärdete es sich ganz wild; aber als es im Kanu lag, da schwand sein Kampfesmut, und es ergab sich augenblicklich in sein Schicksal. Ricardo hielt ihm mit beiden Händen das Maul zu, bis Pedro einen Strick genommen und Maul und Füße zusammengezogen hatte. Es war tatsächlich nur über einen Meter lang.

Ricardo verlor kein Wort. Lautlos glitt das Kanu weiter, dunkel wie ein Gespensterboot. Das Locken eines Kaimans bellte durch die Nacht, ein Lichtstrahl huschte suchend über das flimmernde Wasser hinweg.

Die Tiere waren vorsichtig geworden. Der ferne Kampf hatte sie gewarnt. Jetzt lagen sie auf dem Grund und warteten. Sie tauchten erst wieder auf, wenn sie sich in Sicherheit fühlten. Das Kanu, das ganz langsam über die stille Wasseroberfläche zog, würden sie für einen Baumstamm halten.

Der suchende Lichtstrahl hatte abermals zwei Augen eingefangen. Pedro hielt die Lampe, während Ricardo die Schlinge warf. Es war alles wie beim ersten Mal, nur daß der Jäger diesmal kopfüber ins Wasser fiel und noch wilder um sich schlug als das gefangene Jacaré. Er dachte gar nicht daran, den Kampf aufzugeben und wieder ins Boot zu klettern. Bis zur Brust im Wasser stehend, balgte er sich mit dem Tier herum, hielt die zappelnde Echse an der Schnauze umklammert, hob sie auf und schleuderte sie dann in das Kanu hinein, wo Pedro sie mit geschickten Händen in Empfang nahm.

»Nummer drei werden wir auch bald haben«, sagte Ricardo leise lachend, als er sich wieder im Kanu befand. »Hier haben wir so viel Schlamm aufgewühlt, daß sich die Jacarés hüten werden, in der nächsten Stunde nach oben zu kommen. Wir paddeln schräg über die Bucht und versuchen dort drüben unser Glück. Es ist möglich, daß auch die dortigen den Radau vernommen haben. Jetzt müssen wir noch vorsichtiger sein.«

»Fall nicht wieder über Bord«, gab Pedro ebenso leise zurück.

War es möglich, daß sich die Kaimane gegenseitig warnten? Hier und dort waren Augen zu sehen, die beim Näherkommen des Kanus jedoch in sicherer Entfernung versanken. Ricardos Lockrufe nützten nichts mehr. Die Tiere schienen zu wissen, daß sie sich mit dem treibenden Baumstamm nicht einlassen durften. Vielleicht waren die gefesselten Jungtiere die eigentlichen Warner, denn von Zeit zu Zeit regten sie sich und versuchten loszukommen.

Ricardo drehte sich nach einer Weile erfolglosen Jagens zu Pedro um und meinte: »In dieser Bucht ist nichts mehr zu machen. Wenn wir eine Stunde stromauf paddeln, erreichen wir eine zweite, in der es ein sehr altes Krokodil geben soll, das scheu und wachsam ist. Hoffen wir, daß es heute nacht über Land marschiert und die Jungen unbeaufsichtigt läßt.«

»Greift es an, wenn es da ist und unsere Absicht bemerkt hat?« fragte Pedro.

»Einem alten Krokodil ist nicht zu trauen. Wenn es angreift, dann macht es sich entweder unsichtbar unter Wasser heran, oder es saust wie ein Torpedo direkt auf das Ziel los. Im Nu packt es die Beute und verschwindet mit ihr. Seelenruhig bleibt es mit dem Tier oder dem längst ertrunkenen Menschen irgendwo auf dem schlammigen Grund liegen, bis es endlich anfängt, den Fraß zu verzehren.«

»Das soll unangenehm sein«, meinte Pedro.

»Das Gefressenwerden tut keinem mehr weh«, gab Ricardo lächelnd zurück. »Es gibt einen Trick, um wieder freizukommen. Wenn es dich an den Beinen festhält, dann nimm dein Messer und stich ihm die Augen aus. Es soll Indianer gegeben haben, die statt des Messers ihre Finger genommen haben. Das genügt — wenn du im Maul der Bestie rechtzeitig daran denkst.«

»Aber ohne Verletzungen geht das nicht ab.«

»Nein, weil bereits beim ersten Biß die Knochen zersplittern. Wie danach die Haut aussieht, kannst du dir vorstellen. Mich hat ein ganz kleines Jacaré, das ich schlachten wollte, so fürchterlich gebissen, daß mir ganz schlecht geworden ist. Jahrelang habe ich kein Kaimanfleisch mehr angerührt.«

Während dieses Gesprächs hatten die beiden den Fluß erreicht und fingen an, stromauf zu paddeln. Nach dem weiten Ritt, dem Kistenbau und der bisherigen Jagd war das kein Vergnügen. Pedro kämpfte gegen den Schlaf, während Ricardo in seinen nassen Kleidern fror.

Im Mato war es ruhiger geworden. Jetzt ruhten die meisten Tiere. Die Jaguare waren gesättigt, die Affen wurden nicht mehr von ihnen gestört, den Nachtvögeln fiel nichts Besonderes mehr ein, und selbst die Frösche schienen eingeschlafen zu sein. Ganz langsam wanderte der Mond über die große Wildnis hin. Die vielen Sterne blinkten vom Himmel herab und spiegelten sich in der klaren Flut des Tocantins.

»Kannst du dir vorstellen, daß auch an diesem Fluß in späteren Zeiten große Häuser stehen werden?« setzte Ricardo nach kurzem Schweigen die Unterhaltung fort. »Dann gibt es hier keinen Sertão mehr, keine Krokodile und vielleicht auch keine Piranhas. Am Ufer werden auf asphaltierten Straßen Autos fahren, ganze Städte werden aus dem Boden wachsen, und der Fluß wird reguliert sein, damit auf ihm größere Schiffe verkehren können.«

»Glaubst du daran?« zweifelte Pedro.

»Die letzten Indianer wird man unter die Erde gebracht haben oder wie die letzten wilden Tiere als Seltenheiten zur Schau stellen: ›Kommen Sie zum Rio Tocantins, meine Damen und Herren, wo die Luft ein wenig reiner weht als in den Mammutstädten Rio und São Paulo! Erleben Sie das Aufblühen eines neuen Zentrums unserer Kultur!‹ Pfui Teufel, Pedro, ich könnte das nicht aushalten und will dann lieber tot sein, tot wie die Indianer.

Dieser Strom wird noch viel sehen, aber seine Schönheit geht dabei verloren. Als ich noch ein Junge war, gab es auf diesen Sandbänken Schwärme von weißen Reihern, die wie eine Wolke aufstiegen, Scharen von Araras und Herden von Affen. Wo sind sie geblieben? Alle tot und fast vergessen. Das ist der Segen der Zivilisation! Prosit! Darauf kannst du einen Schluck Flußwasser trinken, denn es ist noch klar wie ein durchsichtiger Kristall, aber später wirst du in der schmutzigen Brühe nicht mal mehr baden können. Und nun guck dir die Augen nach den verdammten Biestern, den Kaimanen, aus.«

Es waren jedoch keine leuchtenden Kaimanaugen zu sehen.

Weder Ricardo noch Pedro besaßen eine Uhr, weil sie sich immer nach der Sonne richteten. Als etwa eine Stunde vorbei war, erreichten sie die gesuchte Bucht. An den Ufern des großen Wassertümpels standen dunkle Büsche. Nichts regte sich, sogar die Luft schien vollkommen stillzustehen. Ganz nahe plumpste eine Schildkröte von einem schräg über das Wasser hängenden Baumstamm herab.

Im Schutze des Strauchwerks glitt das Kanu in die Bucht. Hier also sollte das alte Krokodil herrschen. Tagsüber lag es bestimmt faul im Verborgenen, ließ sich von der Sonne bescheinen oder schlief unten im verschlammten Grund, aber nachts war es sicher quicklebendig, um sich keine Beute entgehen zu lassen. Vielleicht hatte es längst den treibenden Baumstamm gesehen und die anderen vor dem Ding gewarnt, das immer näher kam. Um diese Jahreszeit war es besonders angriffslustig, immer hellwach und zur Abwehr bereit.

Ricardo hockte ganz klein und unscheinbar vorn im Boot, schlug mit der Hand auf die Brust und lockte schaurig schön. Das Bellen, Schmatzen und Schluchzen mußte doch die verflixten Bestien aus der Tiefe holen!

Kein einziges Tier antwortete. Wenn sie erst einmal anfingen, dann nahm ihr seltsames Rufen kein Ende. Dabei meckerten sie wie ertrinkende Ziegen und bellten wie heisere Hunde. Die Schreie gingen schlafbedürftigen Jägern und lagernden Indianern durch Mark und Bein.

»Ok ok!« machte Ricardo und lauschte in die stille Nacht hinein.

»Umm!« klang es im hintersten Winkel der Bucht.

»Ok ok! Umm!«

Nichts rührte sich. Und trotzdem lag dort das alte Krokodil.

»Ok ok! Umm! Ok ok!«

Ein Lichtstrahl huschte übers Wasser und hielt zwei Augen fest. Sie gehörten keinem alten Krokodil, sondern einem ganz jungen Jacaré. Vielleicht war es nicht einmal einen Meter lang. Das war jetzt nicht mehr von Bedeutung, denn die Nacht ging zu Ende. Ricardo warf die Schlinge und merkte bereits am Gezappel, daß das Tier kleiner als die bereits gefangenen war. Soeben wollte er es aus dem Wasser ziehen, als es schien, als sei in der Bucht der Teufel los. Schaumschlagend raste das alte Krokodil auf die Ruhestörer los, drohte das Kanu in Grund und Boden zu rammen und versetzte ihm einen Schwanzhieb, daß Pedro hinstürzte und Ricardo das kleine Jacaré verlor. Pedro sah es und griff nach dem Ausreißer, während Ricardo die Winchester aufraffte, um einen zweiten Angriff abzuwehren. Da kam das Ungeheuer abermals und schlug gegen das Kanu. Ricardo schoß zweimal und hätte ein drittes und viertes Mal abgedrückt, obwohl keine Aussicht bestand, dem rasenden Tier eine ernsthafte Verletzung beizubringen.

Die Knallerei genügte jedoch, um die Bestie zu erschrecken. Sie verschwand spurlos in der Dunkelheit, ohne sich noch einmal zu rühren. Dafür setzte im Mato der Spektakel ein. Affen kreischten, Vögel zeterten, Wasserschweine stoben durch Schilf und Gestrüpp, ein Hornfrosch erhob seine laute Stimme, und dazu kam noch der Lärm mehrerer Brüllaffen, die plötzlich munter wurden.

»Das war die alte Tante«, sagte Pedro, der aufrecht im Kanu stand, die Schnauze des kleinen Kaimans umspannte und das ganze Tier mit dem Rücken an seinen Körper drückte.

»Ein liebes Tantchen«, antwortete Ricardo. Er kam dem Jungen zu Hilfe und fesselte das Jacaré, das nicht mal einen Meter lang war. »Du kannst mir glauben, daß es dem Jungtier helfen wollte«, fuhr er fort. »Solche Fälle sind bekannt. Die Alten wachen nicht nur über die ganz Kleinen, sondern verteidigen auch die Älteren, solange diese sich nicht selbst wehren können. Ein Schwanzhieb genügt in den meisten Fällen, um ein Kanu zu zertrümmern oder einen Mann über Bord zu befördern. Wir dürfen von Glück reden, Junge, und wollen den schwarzen Teufel nicht noch einmal reizen.«

»Das letzte Tier ist aber sehr klein«, bemerkte Pedro.

»Groß genug für die Gefangenschaft«, meinte der Jäger, »oder hast du Lust, dich noch einmal mit der Tante einzulassen? Nimm lieber das Paddel und reibe dir den Schlaf aus den Augen. Zwei Stunden müssen wir noch durchhalten, bevor wir uns in die Hängematten legen können. Außerdem habe ich ein Gefühl im Magen, als hätten wir längere Zeit nichts gegessen.«

»Ja, das haben wir ganz und gar vergessen«, bestätigte Pedro und zog das Paddel kräftig durchs Wasser. Jetzt, da er nicht mehr still zu sein brauchte, fing er an zu singen.

DIE BEIDEN PFERDE DES MISSIONARS waren nach Felicidade zurückgekehrt und hatten das Dorf in helle Aufregung versetzt. Der Präfekt, der sich drüben am Tocantins befand, wurde sofort benachrichtigt. Ohne Umschweife schickte er eine Bootsmannschaft flußaufwärts zum Posten, während er mit Francisco nach Hause ritt.

Die Heimkehr von ledigen Reittieren erfolgte nicht ohne triftigen Grund. Wenn Pferde und Mulas versorgt und beaufsichtigt wurden, liefen sie ihren Reitern nicht davon. Sie suchten vielmehr die Nähe des Menschen, obwohl sie sich während des Weidens weit entfernen konnten. Zuverlässige Tiere liefen jedenfalls kaum zurück, wenn nichts Außergewöhnliches vorgefallen war, und die beiden Pferde des Missionars galten als zuverlässig.

Mord! war der erste Gedanke in Felicidade. Wer hatte jedoch ein Interesse daran, den Missionar verschwinden zu lassen?

Unfall, vermutete der Präfekt, um nicht die schlimmsten Gerüchte aufkommen zu lassen.

Francisco schloß sich dieser Meinung an, und auch Ricardo hielt eine tödliche Verletzung durch Raubtiere oder Schlangen für möglich.

Nun kam es darauf an, zu erfahren, welchen Weg der Missionar geritten war. Niemand hatte ihn gesehen, und keinem hatte er von seinen Plänen erzählt. Der Sertão war jedoch viel zu groß, um jedes Buschwerk nach ihm durchsuchen zu können.

»Er wollte doch zu den Indianern«, meinte Ricardo, als der Dorfrat zusammengekommen war, um den Fall zu besprechen. »Ich halte es für ausgeschlossen, daß sie ihm etwas angetan haben. Die in unserer Nähe lebenden sind nicht mehr so kriegerisch, zumal ihnen der Posten auf die Finger sieht. Trotzdem sollten wir uns bei ihnen nach dem Verschwundenen erkundigen. Die Indianer wissen über alles Bescheid, was in ihrer Umgebung geschieht.«

»Du hast recht«, gab der Präfekt zu. »Zwei Dörfer kommen nur in Frage. Du reitest in das eine, Francisco in das andere.«

»Ich bin nicht so verrückt auf Pferde«, erwiderte Ricardo offenherzig. »Bin in letzter Zeit genug geritten und habe beinahe das Laufen verlernt. Vielleicht ist es ganz gut, wenn ich mich in der Nähe ein wenig nach Spuren umsehe.«

Daraufhin wurde beschlossen, daß zwei andere Männer das zweite Dorf aufsuchen sollten. João übernahm eine Karawane zum Tocantins.

Die Jungen wollten ebenfalls dabeisein und die Schule schwänzen. Und weil Raymundo Fonsêca in dieser Sache nicht zurückstehen wollte, gab er ihnen zwei Tage frei. Die Kaufleute und alle Pferde- und Mulabesitzer mußten wohl oder übel ihre Tiere unentgeltlich zur Verfügung stellen. Felicidade wurde in den nächsten beiden Tagen nur von Frauen und Mädchen bewohnt. Als einziger Mann blieb der Präfekt zu Hause, um die eingehenden Meldungen entgegenzunehmen.

Pedro hätte am liebsten seinen Vater begleitet, bekam jedoch kein schnelles Pferd und hätte sich mit einer Packmula begnügen müssen, die obendrein ein wenig lahmte. Im letzten Augenblick verzichtete er auf den Ritt und schloß sich Ricardo an.

Inzwischen galoppierte Francisco auf seinem Schimmel durch den Sertão. Ihm lag nichts daran, nach Spuren und anderen Anhaltspunkten zu suchen, weil er seine ganze Hoffnung auf die Indianer setzte. So ritt er den ganzen Tag, gönnte sich und dem

Pferd am Abend eine kurze Rast und durchritt auch noch die mondscheinhelle Nacht.

Kurz nach Sonnenaufgang erreichte er das Dorf der Indianer. Um nicht unangemeldet aufzutauchen, stieß er einige gellende Schreie aus. Das galt bei fast allen Stämmen als ein Zeichen der friedlichen Annäherung. Hunde sprangen ihm entgegen, Männer und Kinder traten vor ihre Hütten. Der Häuptling ging waffenlos auf den Ankömmling zu.

Diese Indianer bewohnten seit mehreren Jahren dasselbe Dorf und unternahmen von hier aus weite Jagdstreifen, auch ihre Maniokfelder lagen keineswegs nahe bei ihren Hütten. Seit der neue Präfekt in Felicidade amtierte, lebten sie friedlich mit ihren nichtindianischen Nachbarn. Sie kümmerten sich nicht um diese und wollten auch selbst unbehelligt bleiben. Keinesfalls wünschten sie eine engere Freundschaft mit den Sertanejos, weil die früheren Kämpfe mit dem Präfekten und verschiedenen Siedlern noch gar zu frisch in ihrer Erinnerung hafteten.

Francisco hatten sie als einen friedliebenden Menschen kennengelernt, der alles versucht hatte, um die Streitigkeiten zu schlichten. Selbst in den kriegerischsten Zeiten war er in ihr Dorf gekommen und wie ein Freund behandelt worden. Jetzt kam ihm der Häuptling fröhlich lachend entgegen.

Francisco umarmte ihn, band sein Pferd fest und ging mit ihm zu den Hütten, wo er von allen Männern, Frauen und Kindern still und freundlich lächelnd begrüßt wurde.

»Hast du etwas mitgebracht?« fragte ein Knirps, weil jeder Besuch etwas mitzubringen pflegte.

»Ja, ich habe etwas mitgebracht«, versetzte Francisco, indem er den Kleinen freundschaftlich an den Haaren zog.

»Berichte«, gebot der Häuptling, während er sich vor ein Feuer setzte und den Sertanejo aufforderte, neben ihm Platz zu nehmen. Fast sämtliche Männer saßen schließlich auf Holzklötzen um die Feuerstelle herum. »Wer die Nacht durchreitet, hat es eilig«, fuhr er fort.

»Du hast recht, capitão«, antwortete der Jäger. »Es ist schließlich kein Vergnügen, einen Tag und eine Nacht im Sattel zu verbringen. Die Sache eilt wirklich.« Und dann berichtete er von dem Missionar und dessen Verschwinden.

»Nun glaubst du, daß er bei uns ist«, sagte der Häuptling, als Francisco schwieg.

»Das nehmen wir eben nicht an, weil in diesem Falle die Pferde ebenfalls bei euch geblieben wären.«

»Und was haben wir mit dieser Sache zu tun?« Die Frage klang etwas lauernd.

»Ihr seid wie die Adler, denen nichts entgeht.«

»Ein Adler kann nicht immer in der Luft sein.«

»Vielleicht helft ihr mir, den Missionar zu suchen. Ich komme nicht mit leeren Händen. Versteht mich richtig! Der jetzige Präfekt meint es ehrlich. Zwischen euch und Felicidade wird es keine Kämpfe mehr geben. Capitão, du kannst nicht leugnen, daß ihr früher so manche Kuh abgeschossen habt, weil es der Präfekt nicht anders verdiente. Die Ungerechtigkeit ging hin und her. In den letzten Jahren ist dem Dorf nicht eine Kuh abhanden gekommen, es sei denn durch einen Jaguar. Wir halten es für richtig, euch ein Freundschaftsgeschenk zu geben, und so dachten wir, daß ihr ins Dorf kommt und drei Kühe abholt.«

»Wir werden sie holen«, bestätigte der Häuptling, ohne eine Spur von Freude zu zeigen. Auch die anderen Männer hatten zwar freundliche, jedoch gleichgültige Gesichter.

Francisco hütete sich, wegen des Missionars weitere Fragen an sie zu richten. Die Indianer liebten es nicht, von Fremden ausgefragt zu werden. Was sie sagen wollten, das berichteten sie ohnehin. Eine einzige Frage zuviel konnte genügen, um ihre freundliche Stimmung in Feindschaft zu verwandeln. Um etwas zu erfahren, war größte Vorsicht geboten.

Francisco glaubte, während seiner Rede einen Blick des Häuptlings aufgefangen zu haben, der blitzschnell einem seiner Leute galt. Für ihn stand fest, daß die Indianer alles wußten, was mit dem Verschwinden des Missionars zusammenhing.

Vorerst konnte er weiter nichts tun als sein Pferd auf die Weide schicken und sich selbst in die Hängematte legen, um einige Stunden zu ruhen. Die Indianer mußten sehen, daß er viel

Zeit mitgebracht hatte und daß ihm gar nichts daran lag, schleunigst das Dorf wieder zu verlassen. Gut, seine Botschaft war eilig gewesen, aber jetzt konnte die Sache so aussehen, als hätte er seine Hängematte für viele Tage zwischen die Bäume gehängt.

Die Indianer ließen sich durch ihn nicht stören. Was sie an diesem Tag zu tun hatten, war bereits am Vorabend besprochen worden. Etliche gingen jagen, andere begaben sich zur Maniokpflanzung, und mehrere blieben im Dorf, um dort die Arbeiten zu verrichten. Was sie taten, betrieben sie, außer der Jagd, familienweise.

Während Francisco schlief, lag tiefste Ruhe über dem Dorf, das aus einem Dutzend Hütten bestand. Erst gegen Mittag kehrten die ausgezogenen Familien mit Maniokwurzeln und Früchten zurück, auch stellten sich nach und nach die Jäger ein, die ein Capivara und mehrere Waldhühner erbeutet hatten.

Am Nachmittag blieben alle daheim. Sie beschäftigten sich mit der Zubereitung der Speisen, knüpften Matten aus Palmfasern und gesponnener Baumwolle, schnitzten wie zum Zeitvertreib an Holzstücken oder flochten aus Fasern Bänder, Körbe und Stricke. Keiner überanstrengte sich dabei, weil es viel zu heiß war, um schwer arbeiten zu können.

Francisco hielt sich überall auf. Er sprach mit jenen, die Portugiesisch verstanden, und schaute den anderen schweigend zu. Als das gebratene Fleisch und die gebackenen Maniokfladen verteilt wurden, erhielt auch er einen Teil.

»Was weißt du vom Posten?« erkundigte sich während des Essens der Häuptling.

Francisco, der neben ihm auf einer Matte saß, antwortete gleichgültig: »Wir haben ihm wegen des Missionars Bescheid gegeben. Er war von vornherein dagegen, daß der Mann zu euch gehen wollte.«

»Lino kommt her?« Ein kurzer Blick des Häuptlings traf den Jäger.

»Ich habe ihn vor dem Verschwinden des Missionars gesprochen, aber später nicht mehr.«

Der Häuptling schwieg.

An diesem Tag wurde der Missionar überhaupt nicht mehr erwähnt. Was die Alten am abendlichen Lagerfeuer berieten, konnte Francisco nicht verstehen. Sie unterhielten sich in ihrer Sprache und wußten ganz genau, daß er nur wenige ihrer Worte verstand. Still und ruhig verlief die Nacht.

Am nächsten Morgen waren die Indianer vor Sonnenaufgang auf den Beinen. Ein Mann brachte den Schimmel ins Dorf geführt. Der Häuptling trat zu Francisco und sagte in seiner knappen Art: »Du suchst den Mann mit dem weißen Gewand. Komm mit.«

Daraufhin ging er mit zwei anderen Indianern davon und überließ es dem Jäger, ob er ihm folgen wollte oder nicht.

PEDRO LAG AUF DER LAUER. Er dachte an Ricardo und sehnte ihn dringend herbei. Seit mehr als einer Stunde beobachtete er einen Mann, der unterhalb einer Stromschnelle des kleinen Flusses bemüht war, Steine umzudrehen, Geröll aufzulesen und Sand auszuwaschen. Zweifellos suchte er Gold oder Edelsteine.

Pedro und Ricardo waren am ersten Tag ihrer Streife zusammengeblieben, hatten die Nacht an einem Feuer verbracht und sich am Morgen getrennt, um sich später an diesen Stromschnellen zu treffen, wo Pedro bereits eingetroffen war und den Fremden entdeckt hatte. Dieser Goldwäscher war so sehr in seine Arbeit vertieft, daß er sich kaum aufrichtete und überhaupt nicht um sich sah, weil er sicher annahm, daß er das einzige menschliche Wesen in weiter Runde sei.

Diese gold- und edelsteinsuchenden Buschläufer sind Einzelgänger im wahrsten Sinne des Wortes, denn wenn sie etwas finden, wollen sie ungestört arbeiten. Haben sie Glück und finden sie Gold und Edelsteine, so hüten sie ihr Geheimnis und nehmen es lieber mit ins Grab, statt es preiszugeben. In der Hoffnung, später dort einmal einen bedeutenden Schatz heben zu können, verlassen sie das Gebiet. In den meisten Fällen kehren sie jedoch nicht zurück. Die Erträge sind zu gering, die Mühen zu groß, die

Hitze legt sich lähmend auf Gehirn und Glieder. Tropenkoller und Wahnsinn befallen oftmals die eifrigsten Sucher, und das nächste Hochwasser deckt die Löcher zu, die voller Hoffnung gegraben worden waren.

Pedro hütete sich, den Mann aus allernächster Nähe zu belauern. Diese Buschläufer sind hellhörig und mißtrauisch wie ein Wild. Ein unwillkommener Fremder lief immer Gefahr, verprügelt, verwundet oder gar niedergemacht zu werden.

Wie, wenn nun der Missionar ...

Das war nicht auszudenken! Pedro erschrak, ein leichtes Frösteln überkam ihn. Am liebsten wäre er davongelaufen, um Ricardo zu suchen und ihm alles zu berichten.

Flach auf dem Boden liegend, beobachtete er den Mann, dabei immer gewärtig, entdeckt zu werden und fliehen zu müssen. Er besaß ja keine Schußwaffe, um sich verteidigen zu können, auch hätte er nie und nimmer auf einen Menschen geschossen.

Jetzt richtete sich der Fremde auf und sah sich um. Pedro erschrak noch mehr, denn er erkannte in ihm jenen Fremden, der ihm in Carolina das Floß entwendet hatte. Ja, das war dieser verfolgte Messerheld! Pedro dachte an sein Buschmesser, das diesem Burschen in die Hände gefallen war.

Sollte er hinlaufen und den Mann zur Rede stellen?

Rechtzeitig fiel ihm ein, daß sie ja ausgezogen waren, um den Missionar zu suchen. Es ging um einen Menschen und nicht um ein Messer. Auf keinen Fall konnte er es wagen, den Fremden über den Verbleib des Missionars auszufragen. Dazu gehörten nötigenfalls derbe Fäuste oder gute Waffen. Pedro hatte nichts, außer flinken Beinen. Da war es schon besser, Ricardo abzufangen. Deswegen verließ er seinen Lauscherposten und zog sich auf einen Hügel zurück, von dem aus er den Sertão weithin übersehen konnte. Dort kauerte er unter der glühenden Sonne.

Sehr lange brauchte er nicht auf den Freund zu warten. Ricardo kam mit raschen Schritten daher und wollte bereits von weitem rufen, als er die abwehrenden Handbewegungen des Jungen sah.

»Was gibt es?« fragte er leise, als er herangekommen war, und setzte sich neben den jungen Kameraden auf den Hügel.

Pedro berichtete in kurzen Sätzen. Ricardo pfiff durch die Zähne und meinte: »Das ist eine verteufelte Geschichte, mein Lieber, denn diesem Burschen ist nichts nachzuweisen. Wir können doch nicht zu ihm gehen und ihm ins Gesicht sagen, daß er den Mord begangen habe. So geht das nicht.«

»Wäre es nicht besser, den Präfekten zu holen?«

»Inzwischen läuft uns der Kerl davon.«

»Glaubst du, daß er den Mord begangen hat?«

»Kaum, weil er in einem Missionar keinen Mitbewerber sehen würde. Er hat doch allen Grund, sich mit keinem Mord zu belasten.«

»Vielleicht brauchte er Geld, Nahrungsmittel und die Geschenke, mit denen sich der Missionar ausgerüstet hatte.«

»Das wäre natürlich ein Grund«, meinte Ricardo. »Auf alle Fälle mußt du zurück und in die Präfektur laufen. Ich beobachte inzwischen den Mann. Solltest du uns nicht mehr an den Stromschnellen vorfinden, so achte auf die Zeichen, die ich hinterlasse. Nun lauf zu und laß mich nicht so lange warten.«

Pedro machte sich sogleich auf den Weg. Wenn er sich dazuhielt, konnte er das Dorf noch vor Einbruch der Nacht erreichen. Er mußte sich mit wenig Schlaf zufriedengeben, um am nächsten Vormittag wieder bei Ricardo zu sein.

Leicht bekleidet und ohne Waffen lief er so geschwind dahin, daß er es beinahe mit einem trabenden Pferd hätte aufnehmen können. Sein durchlöchertes Hemd und die an vielen Stellen zerrissene Hose ließen die Luft ungehindert an den Körper kommen, seine Füße waren den glutheißen Sand gewöhnt.

Tatsächlich erreichte er vor Sonnenuntergang das Dorf. Der Präfekt hörte sich seinen Bericht an, ohne eine sofortige Entscheidung zu treffen. Er beriet sich anschließend mit Raymundo Fonsêca, der mit einem Sertanejo die Umgebung durchstreift hatte und zurückgekommen war.

»Jedenfalls wäre es gut, den Mann etwas genauer unter die Lupe zu nehmen«, schlug der Professor vor. »Kein anderer als Sie wären in der Lage, ihn notfalls zu verhaften. Schon deshalb müßten Sie an die Stromschnelle reiten.«

»Für alle Fälle nehme ich noch zwei handfeste Männer mit«, entschied der Präfekt, weil er auf seine eigene Sicherheit bedacht war.

Pedro war natürlich wieder dabei. Er bekam sogar das zweite Pferd des Präfekten und ein altes, überlanges Schrotgewehr. Auch die beiden anderen Begleiter waren bis an die Zähne bewaffnet. Sie trugen Gewehre, große Pistolen und ellenlange Buschmesser. Der Präfekt stattete sich mit einem modernen Drilling, einem silberbeschlagenen Patronengurt, einer Pistole und einem golden aussehenden Dienstabzeichen aus. Ein ähnliches Abzeichen steckte er jedem Begleiter ans zerrissene Hemd, so daß sie nunmehr über Polizeigewalt verfügten. Daraufhin glaubten sich die Sertanejos verpflichtet, streng dreinzuschauen und die Brust herauszudrücken. So verhielten sich jedenfalls die uniformierten Polizisten, die auf Bildern im Arbeitszimmer des Präfekten zu sehen waren.

In mondheller Nacht kommandierte der Präfekt: »Los!« Die Kavalkade setzte sich in Bewegung, und die ausgeruhten Pferde fielen sofort in einen scharfen Galopp. Das Dorf blieb zurück, vor ihnen lag der dunkle Sertão.

Eigentlich hätte der Präfekt seine kleine Schar anführen müssen, doch hatte er keine Ahnung, wo sich die Stromschnelle befand. Dazu kannte er sich noch viel zuwenig aus in dieser Gegend. Natürlich wollte er seine Unkenntnis nicht eingestehen. Deswegen sagte er in seiner schlauen Art: »Übernimm die Führung, Pedro, damit ich sehe, ob aus dir ein ordentlicher Polizist werden kann!«

Das ließ sich der Junge nicht zweimal sagen. Er war stolz darauf, eine so wichtige Aufgabe übertragen zu bekommen. Daß er damit dem Ortsgewaltigen aus der Verlegenheit half, ahnte er nicht. Das konnten auch die anderen Sertanejos nicht wissen.

Pedro richtete das Tempo nach der Entfernung und hütete sich, die Tiere frühzeitig zu ermüden. Nicht umsonst galt er als ein guter Treiber. Ein anfänglicher Galopp war immer gut, um die Müdigkeit aus den Gliedern der Reiter und Tiere zu verscheuchen. Nach einer Weile war es angebracht, in einen nicht zu anstrengenden Trab zu verfallen. Am besten war ein Zockeltrab, bei dem sogar die Pferde ein wenig dösen konnten. Den wollte sich Pedro im Beisein des Präfekten allerdings nicht erlauben. So ließ er die Tiere ein wenig schärfer ausgreifen.

Die beiden Sertanejos kümmerten sich nicht darum. Jetzt, da ja doch kein Mensch ihr glitzerndes Dienstabzeichen sehen konnte, sanken sie in sich zusammen und ritten eben mit. Die Verantwortung lag in den Händen des Präfekten, die Führung bei dem Jungen. Sie waren nahe daran, trotz des Trabes zu schlafen.

Der Präfekt fühlte sich nicht ganz wohl in seiner Haut. Die vor ihm stehende Aufgabe bedrückte ihn. Es war nicht leicht, einen Menschen des Mordes zu überführen, solange das Verbrechen nur auf Vermutungen beruhte. Noch immer gab es die Möglichkeit, den Missionar irgendwo gesund und munter vorzufinden. Statt den Vermißten zu suchen, hatte dieser verflixte Ricardo bereits einen angeblichen Täter gestellt. Wenn der Goldsucher tatsächlich ein Mörder war, dann konnte der Präfekt wegen seines überaus schnellen Eingreifens mit einer öffentlichen Belobigung rechnen, aber andernfalls blamierte er sich bis auf die Knochen. Der Streit, der dem Goldgräber nachgesagt wurde, ging ihn überhaupt nichts an. Wenn jeder wegen einer solchen Kleinigkeit eingesperrt werden sollte, dann würden die Gefängnisse nicht mehr ausreichen.

Rasch stieg der Tag im Osten auf. Die ersten Sonnenstrahlen vertrieben die nächtliche Kühle. Pedro zügelte sein Pferd.

»Dort vorne liegt die Stromschnelle«, sagte er zum Präfekten. »Ich will vorausgehen und Ricardo suchen. Vielleicht wäre es gut, mit den Pferden vorerst hier zu bleiben.«

»Der Gegner muß überrascht werden«, meinte der Präfekt. »Wer zögert, ist von vornherein verloren.«

Die Sertanejos wunderten sich über die Kühnheit ihres Präfekten. Nun gut, auch sie waren, wenn auch nur für einen Tag, Polizisten!

Pedro wollte beweisen, daß er kein Angsthase war. Er ließ sein Pferd galoppieren und hätte am liebsten sein Gewehr abgefeuert, um die Sache recht angriffslustig zu gestalten. Beinahe wäre er an

Ricardo vorbeigeritten, der plötzlich wie ein Buschgeist auftauchte.

Der Präfekt parierte sein Pferd und stieg aus dem Sattel. »Was gibt es Neues?« fragte er gespannt.

»Ich habe ein wenig vorgearbeitet«, erwiderte der Jäger. »Der Mann steht schon wieder am Wasser und buddelt im Sand. Inzwischen machte ich mich an sein Lager heran und untersuchte sein Zeug. Es ist der übliche Kram eines Buschläufers.«

»Hat er Geld?«

»Wahrscheinlich einstecken.«

»Deutet etwas auf den Missionar hin? Der Geistliche trug ein Kreuz, das bestimmt nicht billig war.«

»Nichts, Senhor.«

»Dann ist er auch nicht der Mörder.«

»Da Sie nun einmal hier sind, könnten Sie doch mit ihm sprechen. Er wird sich freuen, den Präfekten persönlich begrüßen zu dürfen.«

»Spotten Sie nicht, Ricardo. Sie wissen ganz genau, daß wir ihn nicht verhaften können. Bringen Sie Beweise!«

»Sie tun gerade so, als läge mir etwas an seiner Inhaftierung«, sprach Ricardo verwundert. »Sie wünschten, von allen Vorkommnissen unterrichtet zu werden. Das haben wir getan.«

»Ist ja auch richtig so«, beschwichtigte ihn der Präfekt. »Man wird wohl noch mit einem Goldwäscher sprechen können. Los, Leute!«

Der buddelnde Mann staunte nicht wenig, als er plötzlich die Reiter hinter sich stehen sah. Sie waren fast lautlos über die Sandbank bis ans Wasser geritten.

»Hallo!« rief der Präfekt und schwang sich vom Pferd. »Na, wie sind die Funde?«

»Haben Sie den Fluß gepachtet?« erwiderte der Fremde spöttisch.

»Nicht gerade das«, meinte der Präfekt, »doch gehört er immerhin in mein Gebiet. Es geht mich natürlich nichts an, ob Sie etwas finden oder nicht. Überflüssige Frage, mein Freund, aber etwas muß man zur Begrüßung sagen.«

»Wenn es nur das ist, will ich auch klipp und klar sagen, daß hier nichts zu gewinnen ist. Es tut mir leid, Sie hierher bemüht zu haben, Senhores.«

»Wir sind nicht Ihretwegen gekommen«, erklärte der Präfekt mit einer wegwerfenden Handbewegung. »Ein Zufall führt uns hierher. Wenn Sie gestatten, werden wir ein wenig rasten und Kaffee kochen. Darf ich Sie zu einer Tasse einladen? Einen Trinkbecher werden Sie wohl haben.«

»Wie Sie wünschen, Senhor Präfekt.«

»Kennen Sie mich?«

»Nein, nur Ihr Dienstabzeichen.«

Als sie am Feuer saßen, rieb sich der Präfekt die Hände und sagte ganz vertraulich: »Leute Ihres Schlages wissen immer das Neueste. Was können Sie berichten?«

»Dort oben baut ein Nandu sein Nest, Senhor Präfekt, und das ist das Allerneueste, weil ich das erst gestern entdeckt habe.«

»Haha, Sie sind witzig! Die Nandus müssen geschont werden, aber ich glaube, auf ein Ei kommt es dem Vogel nicht an. Fehlt ihm eins, legt er eben noch eins dazu. Eine andere Frage: Wo trafen Sie den Missionar?«

»Weiter oben an diesem Flüßchen«, erwiderte der Goldwäscher, ohne ein Zeichen der Bestürzung.

»Sie trafen ihn wirklich?« schrie der Präfekt in grenzenloser Verwunderung, weil er diese Antwort nicht erwartet hatte.

»Ich denke, Sie wußten es?«

»Nicht so genau, ich konnte es mir nur denken. Was machte er dort, und wann war das?«

»Vor vier oder fünf Tagen. Um ganz ehrlich zu sein, Senhor Präfekt, ich habe nicht mit ihm gesprochen. Unsereiner ist lieber allein.«

»Können Sie uns zu ihm führen?«

»Haben Sie ein Reitpferd für mich?« stellte er die Gegenfrage. Ohne eine Antwort zu erwarten, fuhr er fort: »Sie werden ihn nicht verfehlen, wenn ich Ihnen den Platz beschreibe. Wenn etwas ist, finden Sie mich in den nächsten drei Tagen hier.«

Der Mann sprach so bestimmt, daß der Präfekt keine weiteren

Fragen stellte. Um sich mit seinen Leuten zu beraten, verließ er das Feuer.

Pedro gesellte sich inzwischen zu dem Goldwäscher und fragte ihn herausfordernd: »Erkennen Sie mich, Senhor? Ich habe Ihnen in Carolina das Floß gegeben.«

»Ja, jetzt entsinne ich mich«, gestand der andere mit nachdenklicher Miene. »Das war sehr anständig von dir, denn die Kerle waren hinter mir her, weil sie wußten, daß ich eine Menge Gold besaß.«

»Es war weniger wegen des Goldes als wegen der damaligen Messerstecherei. Ich weiß von nichts, Senhor, doch mein Buschmesser fehlt mir sehr.«

»Ach so, das Messer! Hm, ich schenkte es einem armen Teufel. Na, reden wir nicht lange darüber. Ich gebe dir einige Goldkörnchen, und dann sind wir quitt. Einverstanden?«

»Einverstanden!«

Der Mann zog ein Fläschchen aus der Hosentasche, in dem sich sehr wenig Goldstaub befand. Drei Körnchen suchte er heraus, um sie Pedro zu geben. Der knotete sie in einen Zipfel seines Hemdes und war mit dem Handel zufrieden, obwohl er vom Wert des Goldes nichts verstand.

Bald danach ritt der Präfekt mit seinen Leuten dem Flüßchen folgend nach Süden, Ricardo trabte barfüßig nach Felicidade, und der Goldwäscher wandte sich wieder seiner mühseligen Arbeit zu.

Inzwischen erreichte Francisco mit den Indianern das gleiche Gewässer, nur etwas weiter im Süden, wo das sonst so flache Land hügelig wird. Er war mit seinen roten Freunden seit mehreren Stunden unterwegs und konnte sich nicht denken, was sie ihm zeigen wollten. Hatten sie den Missionar irgendwo tot liegen sehen oder ihn gar erschlagen? Ihre ernsten Gesichter deuteten jedenfalls auf einen wenig erfreulichen Umstand hin.

Erst als sie das Flüßchen erreicht hatten, gaben sie ihm zu verstehen, daß er das Pferd anbinden solle. Unterdessen sahen sie sich um, sogen die Luft ein und lauschten.

»Komm!« sagte der Häuptling und schritt voraus. Hinter einem Buschwerk blieb er stehen. Francisco glaubte zu träumen, denn gar nicht weit entfernt saß ein weißbekleideter Mensch und schrieb. Ein Stoß weißer Bogen lag auf seinen Knien, während seine Hand Zeile um Zeile niederschrieb. Da saß nun der vermißte Missionar, während ganz Felicidade um ihn trauerte und der Sertão weithin nach ihm durchsucht wurde. War er denn von allen guten Geistern verlassen, daß er hier in einer trostlosen Wildnis hockte, statt daheim in einem schattigen Pfarrgarten?

Francisco gab den Indianern ein Zeichen und ging ein Stück zurück, um ungehört mit ihnen sprechen zu können. »Was hat das zu bedeuten?« fragte er den Häuptling.

»So sitzt er Tag für Tag«, antwortete der Indianer. »Manchmal steht er auf, geht zu einem Baum, bricht einen Ast ab und setzt sich wieder hin. Ein böser Geist ist in ihn gefahren.«

»Du meinst . . .?« fragte Francisco und griff an seinen Kopf.

»Ja, er ist nicht da. Der böse Geist ist in ihm. Es wäre besser, ihn zu töten.«

»Nicht so rasch, capitão!« erwiderte Francisco erschrocken. »Bleibt hier und wartet auf mich. Ich gehe zu ihm.«

»Hüte dich vor dem bösen Geist!«

Francisco nickte, bestieg sein Pferd und ritt geräuschvoll näher. Der Geistliche sah lächelnd auf, legte seine Arbeit beiseite und stand auf. Erst jetzt bemerkte der Jäger eine kleine Hütte, die von einem Busch fast völlig verdeckt wurde. Sie bestand nur aus dürren Hölzern und mehreren Palmwedeln. Eine Hängematte hing zwischen zwei Bäumen.

»Wie geht es?« rief Francisco und glitt aus dem Sattel.

»Danke, gut«, antwortete der Missionar freundlich lächelnd, indem er den Ankommenden andeutungsweise umarmte. »Hoffentlich haben Sie ein Pferd mitgebracht, oder soll ich noch länger hier sitzen und in der Sonne verdorren?«

»Hochwürden, wir suchen Sie im ganzen Sertão«, sprach Francisco vorwurfsvoll. »Sie glauben gar nicht, wie sich die Leute um Sie ängstigen.«

»Davon bin ich überzeugt«, gab der Geistliche immer noch lächelnd zu. »Ihre Pferde sind schlecht, Senhor Francisco, denn sie sind mir davongelaufen. An einem Morgen waren sie weg.«

»Und Sie haben die ganze Zeit über hier gesessen?«

»Gott war dabei. Vielleicht hat er die Pferde nach Hause geschickt, damit ich eine Arbeit beginnen und vollbringen konnte, die mir seit langem am Herzen lag. Verstehen Sie etwas von Pflanzen? Nicht viel? Na, ich ein wenig mehr. Ich habe Botanik studiert. Sie wundern sich? Wir frommen Männer sind manchmal ganz weltlich eingestellt und kümmern uns auch um solche Dinge. Mich interessieren die Bäume, Sträucher, Gräser und Blumen im Sertão, aber niemals fand ich die Zeit, mich mit ihnen näher zu beschäftigen. Erst als ich ohne Pferde hier zurückblieb, wurde mir dieses Geschenk zuteil. Sehen Sie sich diesen Stoß Papier an! Das ist eine Arbeit, die ich woanders gar nicht schreiben könnte. Sie kommen eigentlich zwei Tage zu früh.«

»Wußten Sie denn, daß einer von uns kommen würde?« fragte Francisco immer noch erstaunt.

»Aber natürlich, mein Freund, oder hätten sie einen Missionar verhungern lassen?«

»Der Sertão ist groß, Hochwürden, auch müssen Sie mit Schlangen und Tigern rechnen.«

»Schnickschnack, mein Lieber, die Mücken sind viel schlimmer! Ihretwegen mußte ich ein Feuer anzünden, aber die Schlangen und Jaguare ließen mich in Frieden.«

»Entschuldigen Sie, Hochwürden, wenn ich nun meine Freunde verständigen will. Sie lauern dort hinterm Busch und sind brave Menschen.«

In diesem Augenblick erklang ein schriller Schrei der Indianer. Er war wild und kriegerisch. Francisco erschrak, weil die roten Freunde von einem bösen Geist gesprochen hatten, den sie am liebsten töten wollten. Wenn sie glaubten, daß dieser böse Geist nunmehr auch in ihn gefahren sei, so stand es schlimm um sie beide.

Francisco warf dem Missionar die Zügel seines Pferdes zu und stand mit wenigen Sprüngen bei den Indianern, die nach Norden zeigten, wo mehrere Reiter erschienen waren.

»Was soll das?« fragte der Häuptling mit finsterer Miene.

»Es werden Männer aus Felicidade sein, die den Mann im weißen Gewand suchen«, antwortete der Jäger.

»Und was ist mit dem Mann im weißen Gewand?«

»Er hat gearbeitet, capitão, und ist nicht vom bösen Geist besessen. Du kannst dich selbst davon überzeugen. Er hat auf uns gewartet, und daß wir ihn so spät gefunden haben, ist schließlich nicht seine Schuld. Jedenfalls stehe ich zu meinem Wort und lade euch ein, in unser Dorf zu kommen und drei Kühe abzuholen.«

»Das ist gut«, sagte der Häuptling und lächelte wieder freundlich.

Francisco atmete erleichtert auf, denn das Rätsel um den Missionar war gelöst.

DEN SERTÃO FÜR IMMER ZU VERLASSEN, konnte sich Pedro nicht vorstellen. Für ihn war diese Wildnis die Heimat, und er trug sie in sich und nahm sie auch mit in die Ferne.

Ihm war zum Heulen. Ricardo hatte einen Brief erhalten, in dem ihm der Kaffeepflanzer mitteilte, daß der Junge kommen könnte. Die Militärflieger seien benachrichtigt und würden ihn mitnehmen.

Natürlich hatte Pedro mit einem solchen Schreiben gerechnet und sogar darauf gewartet, doch kam es für ihn zu plötzlich. Wenn er daran dachte, daß er Felicidade verlassen sollte, dazu die Freunde, die Pferde und Mulas und das Elternhaus, dann hätte er am liebsten die ganze Sache rückgängig gemacht, um hier bei seinen geliebten Kaffeepflanzen bleiben zu können.

Aber um diesen Kaffee ging es ja. Ohne genügend Kenntnisse konnte aus ihm kein Pflanzer werden. Mußte er eigentlich Pflanzer werden? Warum blieb er nicht ein einfacher Sertanejo wie alle Jungen des Dorfes? War er etwas Besseres?

»Nun fang bloß nicht an zu heulen!« sagte Ricardo, als er die gedrückte Stimmung des Jungen bemerkte. »Statt dich zu freuen, siehst du aus wie ein Todeskandidat. Du weißt eben nicht, wie schnell drei Jahre vergehen. Und drei Jahre mußt du bleiben, damit du nicht als Dummkopf zurückkommst. Denk daran, daß unser Kaffee erst in drei Jahren tragen wird. Du versäumst also nichts.«

»Das ist es ja gar nicht«, brummelte Pedro vor sich hin.

»Was drückt dich denn sonst?«

»Na, das alles! Die Reise, die fremden Menschen, und wer weiß, ob man mich in der Fazenda erwartet?«

»Nun schlägt es dreizehn, mein Junge! Morgen früh reiten wir zum Fluß, dann bringe ich dich nach Carolina und bis zum Flugzeug, damit du dir die Sache nicht anders überlegst und wieder heimkommst. Denkst du, wir lassen uns von dir zu Narren machen? Wir, João und ich, haben nämlich ebenfalls unser Geld in die Pflanzung gesteckt. Wenn du jetzt nicht mitmachst, kannst du was erleben.«

Da gab sich Pedro geschlagen und packte sein Bündel. Viel war nicht einzupacken. Ricardo schenkte ihm einen kleinen verbeulten Koffer, damit er nicht mit einem Pappkarton in die Fremde gehen mußte.

Am nächsten Morgen ritten sie schon früh zum Tocantins hinüber. Vorher umarmte Pedro die Mutter und die Schwestern, aber ganz ohne Tränen ging das nicht ab. Am meisten schluchzte die kleine Iras.

Der Vater und João ließen es sich nicht nehmen, ihn bis zum Fluß zu begleiten. Pedro ritt auf dem Schimmel. Er klopfte immer wieder den Hals des kräftigen Tieres und beugte sich weit hinab, um vor den anderen seine Tränen zu verbergen.

Als er am nächsten Tag an Bord eines Bootes ging, fühlte er sich krank und elend. Sie fuhren nach Carolina, und als er von Ricardo zum Flugplatz gebracht wurde, ging es ihm noch schlechter. Trotzdem zeigte er sich tapfer. Blaß reichte er seinem Onkel zum letztenmal für lange Zeit die Hand. Ein Flieger schob ihn freundlich eine kleine Treppe hinauf und ins Flugzeug hinein. Dort wurde er auf eine lange Bank gedrückt und angeschnallt. Viele Leute saßen in dieser Maschine, aber Pedro sah sie nicht an. Furchtbares Dröhnen erfüllte nicht nur seine Ohren, sondern den ganzen Kopf und den Körper. Eine unheimliche Kraft drückte ihn zur Seite, aber dann wurde ihm wohler, denn der Druck war gewichen; auch war das Dröhnen erträglicher geworden. Noch einmal wollte er durch das Fenster Ricardo sehen, und da erst bemerkte er, daß die Maschine schon flog. Sie stieß soeben mit großer Geschwindigkeit in helle Wolken hinein. Immer höher ging die Reise. Oben sah er den blauen Himmel und unter sich einige Wölkchen und noch tiefer das Land.

So war es also, das Fliegen und Wie-ein-Vogel-Sein. Pedro sah sich ein wenig um. Zwei grüngestrichene Bänke befanden sich an den Längsseiten im Inneren des Flugzeuges. Kisten und Säcke lagen fest verschnürt in der Mitte des Raumes. Die Leute unterhielten sich, als säßen sie daheim in ihrer Stube.

Pedro wußte nicht, wer diese Menschen waren und wohin sie flogen. Ein junger Mann stand auf, kam auf ihn zu und schnallte ihn los. »Du fliegst wohl zum erstenmal?« erkundigte er sich freundlich.

Pedro nickte, weil er glaubte, mit seiner Stimme den Motorenlärm nicht übertönen zu können.

»Wir sind jetzt ungefähr tausend Meter hoch«, erklärte der Mann. »Höher fliegt die Maschine nicht, weil wir bald wieder landen werden. Wir müssen auf mehreren Flugplätzen landen. Erst später steigen wir bis auf dreitausend Meter hinauf und fliegen dann einige Stunden ununterbrochen.«

»So lange«, staunte Pedro. Bei diesen ersten Worten merkte er, daß er gar nicht zu schreien brauchte.

»Wohin fliegst du?«

»Zu Senhor Anthero Fernandez in Campo Grande.«

»Kenne ich nicht.«

»Sie fliegen nicht dorthin?«

»Nein, noch ein Stück weiter. Die meisten Leute fliegen weiter.«

»Wer sind diese Leute?« fragte Pedro.

»Siedler und Angehörige der Flieger und Beamten. Was willst du eigentlich bei diesem Senhor Fernandez?«

»Kaffeepflanzer will ich werden!«

»Das kommt ganz auf den Senhor an. Wenn du nicht zum richtigen kommst, kannst du glatt verhungern.«

»Glauben Sie?«

»Das muß nicht sein. Du brauchst keine Angst zu haben, denn es gibt anständige Fazendeiros, die ordentlich bezahlen.«

Der junge Mann ging wieder und setzte sich auf seinen Platz.

Dann kam eine Zwischenlandung und wieder ein neuer Start. Es folgten noch öfters Landungen, und so verging der ganze Tag. Am Abend blieben sie in einer Stadt und schliefen in einem billigen Hotel. Die Eltern hatten Pedro etwas Geld mitgegeben und ihm geraten, recht sparsam damit umzugehen, und das tat er auch.

Am nächsten Tag erreichten sie den Flugplatz, wo Pedro aussteigen mußte. So, nun wäre er da, sagten die freundlichen Flieger und ließen ihn stehen. Er bedankte sich bei ihnen und sah sich um. Aber kaum war er allein, als ein baumlanger Neger auf ihn zukam und fragte: »Bist du Pedro Alfieri? Ich bin Luis von der Fazenda Fernandez.«

»Oh«, sagte Pedro erfreut, »der bin ich tatsächlich.«

»Na, dann komm«, forderte ihn der Neger auf. »Dort steht unser Jeep. Wir fahren in die Stadt und lesen unsere Dona Maria auf, die inzwischen eingekauft hat. Dann geht es übers Land.«

»Weit?« fragte Pedro.

»Ziemlich weit. Wenn wir uns dazuhalten, sind wir gegen Abend am Ziel. Ist das dein ganzes Gepäck?«

»Das ist alles.«

»Viel ist das nicht, aber wenn ich meine Sachen zusammenknülle, bringe ich sie vielleicht auch in diesem Köfferchen unter. Kennst du jemanden von der Fazenda?«

»Keine Menschenseele«, gestand Pedro. In der Nähe des großen Negers fühlte er sich etwas geborgen.

»Dann will ich dir einen guten Rat geben, mein Sohn.« Sie hatten den Jeep erreicht und stiegen ein. »Über unseren Patron ist nichts zu sagen, und die Senhora ist eine feine Frau. Aber mit

denen hast du nicht soviel zu tun wie mit Dona Maria. Wenn du es mit ihr verschüttest, kannst du gleich wieder mit der nächsten Maschine heimfliegen. Was sie sagt, wird gemacht. Merk dir das! Widersprich ihr nicht, auch wenn sie etwas Falsches sagt. Dona Maria ist der beste Mensch — wenn du nach ihrer Pfeife tanzt.«

»Tut ihr das alle?« fragte Pedro lächelnd.

»Was denkst denn du? Gegen sie kommt nicht mal unser Patron auf. Wenn sie dir etwas befiehlt und der Patron will etwas anderes, dann folge ihr. Du mußt allerdings dem Patron sagen, daß sie es so gewünscht hat; dann ist alles gut.«

»Dann ist sie die Chefin?«

»Nein, das ist die Senhora, aber Dona Maria bestimmt. Du mußt wissen, daß sie die Senhora bereits als Kind auf den Armen getragen hat. Da war die Senhora noch ganz klein und Dona Maria schon ein Riesenweib.«

Luis fegte los, daß der Staub als eine große Wolke hinter dem Fahrzeug stand. Er hupte ohne Unterlaß und jagte alles von der Straße, ganz gleich, ob es Menschen, Kühe oder Hunde waren. Erst als sie die ersten Häuser erreichten, mäßigte er die Geschwindigkeit. Dann hielt er an. Er sprang in ein Haus und kam gleich darauf mit vollgepackten Körben wieder. Hinter ihm erschien eine gutgekleidete Negerin, die mit ihrer Leibesfülle kaum durch die Tür kam. Ihre Haut war schwarzbraun, aber dafür blitzten ihre Zähne um so heller. Um ihr Kraushaar trug sie ein buntes Tuch. Sie schaute mit strahlenden Augen um sich, verabschiedete sich von mehreren Männern und Frauen. Sie schien eine angesehene Frau zu sein. Als sie Pedro erblickte, klopfte sie ihm vertraulich auf die Schulter und sagte freundlich: »Na, da bist du ja. Nun fahre endlich los, Luis, damit wir nach Hause kommen.«

»Guten Tag, Senhora!« grüßte Pedro mit ausgesuchter Freundlichkeit.

Sie setzte sich hinten in den Jeep und füllte beide Sitze aus. Dabei sprach sie wie nebenbei: »Für dich bin ich Dona Maria, denn die Senhora wirst du erst noch kennenlernen.«

Daraufhin brauste Luis wieder los und hupte beinahe ununterbrochen, so daß an eine Unterhaltung nicht zu denken war. Nachdem sie die Stadt verlassen hatten, fuhr er noch etwas wilder, doch stellte er das Hupen ein, weil weit und breit kein Mensch zu sehen war. Nur einige Autos kamen ihnen entgegen.

Manchmal zeigte Luis auf Felder und einzelnstehende Häuser und erklärte dies und das. Pedro verstand nicht viel davon. Er wunderte sich über die Weite des Landes und über die endlosen Kaffeeplantagen. Wenn er an seine eigene Pflanzung in Felicidade dachte, wurde seine Begeisterung für den Kaffee erheblich gedämpft. Wahrscheinlich gab es hier so viele Kaffeesträucher, daß er zu Hause doch besser Mais anbaute.

Mehrmals durchfuhren sie kleinere Ortschaften, auch kamen sie an Fazendas vorbei und an Feldern, auf denen gearbeitet wurde. Am Abend bog Luis laut hupend in eine Fazenda ein, über deren Tor groß geschrieben stand: Fazenda Fernandez.

Pedro stieg aus dem haltenden Jeep und half Luis, indem er die Körbe auf die Veranda eines Bungalows trug. Dann kam er zurück und wollte nach seinem Köfferchen greifen. Dona Maria rauschte in das Haus hinein, ohne sich noch einmal umzusehen.

»Nein, laß das und steig ein«, sagte Luis. »Gleich sind wir da.«

Sie fuhren noch ein Stück weiter und kamen an mehreren Häusern vorbei, die genauso aussahen wie die in Felicidade. Einige Leute ließen sich sehen und nickten Luis freundlich zu. Vor einem dieser Häuser hielt er an.

»So, da sind wir«, sagte er und ging in das Haus hinein. Neugierig folgte ihm der Junge. »Hier wohne ich«, fuhr Luis fort und zeigte ihm einen schlicht eingerichteten Raum. »Daneben bist du untergebracht. Wenn du etwas brauchst, sagst du es mir. Ich werde dir alles erklären. Am Anfang bist du nämlich dumm wie ein Urubu. Doch das ändert sich, und bald wirst du wissen, was du zu tun hast. Wahrscheinlich kommt heute noch der Patron zu dir, um dir das Nötigste zu sagen.«

»Und was sind Sie, Senhor Luis?« fragte Pedro.

»Den Senhor kannst du weglassen, denn hier gibt es nur einen Senhor, und das ist der Patron. Ich bin der Chauffeur, fahre auf die Felder, bringe die Ernte herein, kutschiere zur Stadt und verrichte eben alles, was mit dem Auto zusammenhängt. Übrigens haben wir außer diesem Jeep noch zwei Lastwagen und noch einen Fahrer, der neben dir im dritten Zimmer wohnt. Nun muß ich dich allein lassen. Wenn es etwas zu essen gibt, hole ich dich.«

ALLES DREHTE SICH HIER UM DEN KAFFEE, sogar die Luft war voller Kaffeeduft. Der kam jedoch nicht etwa von den Feldern herein, sondern aus den Räumen der Arbeiterfamilien und aus der Küche des Bungalows, wo der Fazendeiro mit seiner Familie wohnte.

Pedro wurde ganz klein, als der Patron zu ihm in den Raum trat. Senhor Anthero Fernandez war ein großer, braungebrannter Mann in hohen Stiefeln, brauner Leinenhose und durchschwitztem Hemd. Seine schwarzen Haare kräuselten sich über der Stirn, auf der dicke Schweißtropfen standen. Mit wuchtigen Schritten ging er zum Fenster, setzte sich auf einen der beiden Stühle und hieb die flache Hand auf den Tisch. »So, nun laß dich mal ansehen!« rief er, ergriff Pedros Hand und drückte ihn auf den anderen Stuhl. »Du bist also der Neffe Ricardos. Hm, eine Ähnlichkeit ist nicht vorhanden. Macht nichts, mein Junge, und die Hauptsache ist, daß du ein tüchtiger Kerl bist. Was kannst du eigentlich?«

»Nichts«, gestand Pedro, ohne sich seiner Worte zu schämen.

»Das ist gut«, meinte der Patron zufrieden. »Wer nichts kann, hat noch eine Menge zu lernen. Wie geht es deinem Onkel Ricardo?«

»Gut, Senhor, und er läßt Sie grüßen.«

»Wieviel Kaffeesträucher hat er jetzt?«

»Dreißig, Senhor.«

»Dreißigtausend! Für den Anfang eine ganze Menge.«

»Nein, dreißig Stück, Senhor, also genau so viele wie mein Bruder João und ich.«

Der Fazendeiro sah für einen Augenblick verdutzt drein, dann schlug er mit der Faust auf den Tisch und rief belustigt: »Hier gehören ihm gut und gern zwanzigtausend Stück, und dort fängt er mit dreißig Sträuchern an! Haha, das ist ein köstlicher Witz! Den muß ich gleich meiner Frau erzählen.«

»Was sagen Sie?« entfuhr es dem Jungen.

Senhor Anthero wurde plötzlich ernst und fragte überrascht: »Ist dir das etwas Neues? Weißt du nicht, daß wir beide diese Fazenda aufgebaut haben?«

»Nichts weiß ich, Senhor.«

»Du lieber Himmel, nun weißt du es. Dein Onkel und ich haben schwer geschuftet, um diese Plantage aus dem Boden zu stampfen. Das hat viele Jahre gedauert, und als wir die ersten Erfolge hatten, lief er mir davon, weil er Heimweh hatte, Heimweh nach dem Sertão. Da war nichts zu machen. Hat er euch niemals von dieser Sache erzählt?«

»Kein Wort, Senhor. Ricardo lebt wie jeder andere, hauptsächlich von der Jagd. Ich kam auf den Gedanken, mit Kaffee anzufangen. Da legten wir unser Geld zusammen und kauften neunzig Pflanzen.«

»Du, das finde ich großartig«, sagte der Fazendeiro. »Hier hat er ein Vermögen stehen, und dort lebt er wie ein armer Mann. Ja, so ist er. Jetzt weiß ich auch, weswegen du bei mir in die Schule gehen sollst. Du wirst ein Kaffeepflanzer werden, mein Junge, und von Anfang an alles erfahren, was ein Pflanzer tun und wissen muß. Du wirst schwitzen und einen krummen Rükken bekommen. Laß es dich nicht verdrießen. Morgen zeige ich dir den ganzen Betrieb. Hier wohnst du wie die anderen Arbeiter, und du ißt auch mit ihnen, wie es sich gehört. Jetzt kommst du mit zu uns in den Bungalow, denn heute abend bist du unser Gast, aber ab morgen bist du ein Arbeiter auf der Fazenda Fernandez.«

In dieser Nacht wachte Pedro immer wieder auf, weil ihm so vieles durch den Kopf ging. Ihm war, als hätte er alles nur geträumt. Und immer wieder mußte er an seinen Onkel Ricardo denken, der eigentlich ein reicher Mann war.

Am frühen Morgen, als es noch dunkel war, wurde er geweckt. Hinter der Hütte goß er sich einen Kübel Wasser über den Kopf, dann zog er Hemd und Hose an und war bereit, auch ohne Frühstück das Tagewerk zu beginnen. Er freute sich auf die Arbeit und konnte es kaum erwarten. Dona Maria schickte ihm Brot, Hammelfleisch und Bananen, dazu starken Kaffee.

»Den besten Kaffee, den es auf dem Weltmarkt gibt«, behauptete Luis. »Die schlechteren Sorten verkaufen wir nämlich, den guten trinken wir selber.«

Mit dem Patron fuhr Pedro zur Plantage, wo achtzigtausend Kaffeesträucher Früchte trugen.

»Jetzt gibt es weiter nichts zu tun, als das Unkraut zu bekämpfen«, erklärte Senhor Anthero. »Doch haben wir eine Menge anderer Arbeit mit Mais, Zuckerrohr und Tomaten. Du wirst hauptsächlich in die Kaffeeplantage gehen.«

Nach dem Mittagessen wurde Pedro in die Trockenanlagen geführt, wo zur Zeit nicht viel zu sehen war.

»Wir rechnen nach Säcken«, erläuterte der Patron. »In einem Sack befinden sich sechzig Kilogramm. Täglich gehen ungefähr einhundert Sack in die Schälmaschine. Da ist natürlich Hochbetrieb.«

Anschließend sah Pedro ein Laboratorium, in dem die Kaffeesorten geprüft und die Samen untersucht wurden. In großen Gewächshäusern, die gegen die brennende Sonne mit Palmenblättern überdacht waren, wurden 40 000 Pflanzen aufgezogen.

Ihm schwindelte von all den neuen Eindrücken. Die Zahlen verwirrten ihn, und damit dieser Zustand nicht noch schlimmer wurde, mußte er abends in die Schule gehen. Die Fazenda besaß einen eigenen Schulraum, in dem eine junge Lehrerin nicht nur Kinder unterrichtete, sondern auch Erwachsenen Lesen, Schreiben und Rechnen beibrachte. Viele Arbeiter kamen als Analphabeten zur Fazenda und lernten erst hier Lesen und Schreiben und das kleine Einmaleins.

»Darin sind wir vielen anderen Fazendas voraus«, sagte Luis, als sie beim Abendbrot saßen. »Wir verdienen hier besser als die anderen. Aber so ist das, wenn der Fazendeiro selbst klein angefangen hat. Dann bleibt er anständig und sorgt für seine Leute.«

Von nun an ging Pedro jeden Morgen mit den Leuten aufs Feld, um den ganzen Tag die Hacke zu schwingen. Nur in der heißesten Zeit ruhte die Arbeit für drei Stunden. Am Abend währte sie bis zur Dunkelheit, bis etwa sechs Uhr. Eine Stunde später saß Pedro in der Schule, um dort noch zwei Stunden zu lernen. Viel Freizeit gab es nicht. Nur an den Sonntagen wurde keine Arbeit angerührt, da wurde auf den Gitarren gespielt, getrommelt, getanzt und gesungen. Die Fröhlichkeit dauerte bis in die Nacht hinein.

Pedro lernte hier das Leben von einer ganz anderen Seite kennen. Er konnte nicht behaupten, daß es schlechter oder härter war als daheim im Sertão. Der Rücken gewöhnte sich rasch an die gebückte Haltung, und die Armmuskeln wurden hart. Ihm fehlte lediglich die Freiheit, die Weite des heimatlichen Landes. Zwar konnte er auch hier reiten und Schlangen fangen, doch gab es keine anderen Tiere, die es zu jagen lohnte. Nur selten war ein Mann mit einer Flinte zu sehen.

Nein, für immer wollte Pedro nicht hier bleiben. Er konnte seinen Onkel Ricardo verstehen, der davongelaufen war und ein ärmliches und karges Leben im Sertão vorzog. Lieber wollte er dort eine kleine Pflanzung aufziehen, als woanders eine große zu besitzen.

Mit den Leuten kam Pedro gut aus. Die Familien wohnten in den umliegenden Häusern und bestellten auch eigene Felder. Sie besaßen Kühe und lebten nicht viel anders als selbständige Siedler, nur daß sie obendrein zur Pflanzung gingen und dort ihr Geld verdienten. In allen Häusern war Pedro ein gern gesehener Gast.

Etwas anders verhielt es sich mit der Familie Fernandez, wo Dona Maria den Haushalt führte und eine Schar Leute anstellte, während sie selbst nicht viel verrichtete. Sie war streng und gut, vor allem gerecht, auch wenn sie manchen Fehler machte. Ihre ganze Liebe galt den Kindern, denen sie bei jeder Gelegenheit Süßigkeiten zusteckte.

Damit Pedro sich nicht einsam fühlte und an daheim erinnert wurde, bekam er ein Pferd zugewiesen, das er pflegen und natürlich auch reiten konnte. Es gehörte der Fazenda und war einem Vorarbeiter zugeteilt, der weit reiten mußte, um überall auf den Feldern nach dem Rechten sehen zu können.

»Hundesohn« hieß dieses Pferd. Und wenn am Sonntagnachmittag der Vorarbeiter schlief, legte Pedro den Sattel auf, schwang sich hinauf und ritt durch die Felder, daß hinter ihm der Staub aufwirbelte. Dabei konnte es ihm nicht toll genug zugehen. Im Galopp preschte er über die Weiden, wo große Zebukühe grasten. Und noch wilder ging es aus den Feldern hinaus über unfruchtbares Land, wo kaum noch Sträucher wuchsen, wo nur Termitenhügel standen, wo es Klapperschlangen und Gürteltiere gab. Dort tobte er sich mit Hundesohn aus, und er stellte sich dabei vor, wieder daheim zu sein, auf Findling zu sitzen und durch den Sertão zu jagen. Dann glaubte er, den Tocantins zu sehen und die Tiere seiner Wildnis, in der er zu Hause war.

Amazonas, drittlängster und wasserreichster Strom der Erde. Er ist 6 280 Kilometer lang, die Breite seines Mündungsdeltas beträgt 250 Kilometer

Amigo, die spanische und portugiesische Bezeichnung für Freund

Anakonda, die größte Schlange im Amazonasgebiet. Sie ist nicht giftig, sondern erwürgt ihre Beute, vor allem Wasserschweine und andere Tiere. Den Menschen greift sie nur im Notfall an. 10 Meter lange Exemplare sind keine Seltenheit

Arara oder Ara, der größte der südamerikanischen Papageien

Barrigudo, ein Wollaffe, der wegen seiner Gutmütigkeit in Gefangenschaft gern gehalten wird

Belo Horizonte, die Hauptstadt des brasilianischen Bundesstaates Minas Gerais

Buschmeister, siehe Surucucu

Butantan, bekanntes Institut bei São Paulo, in dem Giftschlangen zur Serumgewinnung gehalten werden

Caboclo, Siedler im Landesinneren, meist indianisch-brasilianischer Herkunft

Cafesinho, süßer, mokkaartiger Kaffee

Cajú, Baumfrucht mit saftigem Fruchtfleisch. Der Inhalt der mandelartigen Kerne wird geröstet

Campo Grande, eine Stadt im südlichen Mato Grosso

Carolina, eine Stadt am Rio Tocantins im Grenzgebiet der brasilianischen Bundesstaaten Goiás und Maranhão

Cavalheiro, vornehmer Herr

Centavo, ehemalige kleinste Geldeinheit in Brasilien

Curupirá, ein Waldgeist amazonischer Indianer

Drilling, Jagdgewehr mit drei Läufen

Elmsfeuer, elektrische Entladung in Form von kleinen Flämmchen

Fazenda, ein Landgut, auf dem vorwiegend Ackerwirtschaft betrieben wird, im Unterschied zum viehwirtschaftlichen Gut, der Estância

Galeriewald, Waldstreifen, die an den Flußläufen urwaldähnlich gedeihen, während das übrige Land aus Steppe oder einer buscharmen Landschaft besteht

Goiás, ein an den Mato Grosso angrenzender brasilianischer Bundesstaat

Harpyie, größter südamerikanischer Adler, der auch in Gefangenschaft sehr angriffslustig ist. Die Indianer töten oder halten ihn wegen seiner schönen Federn

Hornfrosch, ein 20 Zentimeter langer brasilianischer Frosch, der dem Ochsenfrosch ähnlich ist

Interior, das brasilianische Inland

Jacaré, ein Alligator

Kautschuk, der eingedickte milchige Saft des amazonischen Gummibaumes, der Hevea brasiliensis, der durch die Herstellung des künstlichen Kautschuks seine ursprüngliche Bedeutung verloren hat. Der Naturkautschuk findet jedoch immer noch häufige Verwendung für Gummierzeugnisse aller Art und Kaugummi

Kavalkade, ein Trupp Reiter

Leguane, eine artenreiche Familie der Kriechtiere. Sie werden etwa 1,50 Meter lang und leben auf dem Boden ebenso wie auf Bäumen

Lontra, der brasilianische Fischotter

Mango, brasilianisch Manga, Frucht des großen, schattenspendenden Mangobaumes. Ihr Fleisch ist goldgelb, fasrig und sehr wohlschmeckend

Maniok oder Manioka, gehört zu den Wolfsmilchgewächsen. Es gibt eine giftige und eine ungiftige Art. Auch die giftige wird angebaut und durch Zerreiben, Auswaschen und Auspressen entgiftet. Die Blausäure kann auch durch Kochen und Rösten der geriebenen Wurzeln restlos entfernt werden

Mateiro, nichtindianischer Urwaldbewohner

Mato, der Wald, vor allem der Urwald

Mato Grosso (Dichter Wald), brasilianischer Bundesstaat im Landinneren, ca. 1 265 000 Quadratkilometer groß. Seine Hauptstadt ist Cuyabá. In seinen unwegsamen Gebieten gab es viele urwüchsige Indianerstämme

Melonenbaum, ein Baum mit kürbisartigen Früchten, die in Brasilien als Mamão und sonst als Papaya in den Handel kommen

Minas Gerais, brasilianischer Bundesstaat. Seine Hauptstadt ist Belo Horizonte. In ihm liegen große Vorkommen von Edelsteinen, Gold, Eisen, Mangan, Nickel und Kohle

Mutún, der Hokko, ein großes Waldhuhn

Nandu, südamerikanische Straußenart

Onça, brasilianische Bezeichnung für Jaguar

Palmito, das Mark einer Palme, das roh oder gekocht gern gegessen wird

Patron, brasilianisch patrão, der Arbeitgeber

Pernambuco, Bundesstaat an der Küste mit der Hauptstadt Recife

Piranha, auch Karibenfisch genannt, kommt in fast allen Amazonasgewässern in großen Schwärmen und in mehreren Arten vor. Eine 30 Zentimeter lange Art wird von Indianern und Caboclos gern gegessen. Sobald die Piranhas Blut verspüren, stürzen sie sich auf ihre Beute und skelettieren sie mit großer Schnelligkeit

Pirarucú, der größte, bis zu 3 Meter lang werdende Knochenfisch des Amazonasgebietes

Rio Madeira, ein Zufluß am oberen Amazonas

Schararaka, eine 1,50 Meter lange, sehr gefährliche Giftschlange des Amazonasgebietes

Senhor, portugiesisch Herr

Sertanejo, der Bewohner des Sertão

Sertão, unbebautes Landesinnere mit Steppe und Urwaldstreifen, Galeriewald in den Niederungen

Stachelrochen, ein Fisch mit flachem, fast rundem Körper, der sich im Flußsand verbirgt und mit seinem am Schwanz befindlichen Stachel gefährliche Wunden schlägt

Surucucu oder Buschmeister, die gefürchtetste Grubenotter Südamerikas, die eine Länge von 2,50 Meter erreicht. Sie ist die schnellste aller dortigen Schlangen. Ihr Biß führt in den meisten Fällen zum Tode

Tapir oder Anta, wird 2 Meter lang und 1,50 Meter hoch, hat einen kurzen Rüssel und ist ein harmloses Tier der brasilianischen Wälder. In Gefangenschaft kann es sehr zutraulich werden

Termiten, kleine, den Ameisen ähnliche Kerbtiere, die aus Kot und Lehm Burgen bauen und Bäume aushöhlen. Da sie das Tageslicht meiden, legen sie röhrenartige Gänge an

Tigre, südamerikanische Bezeichnung für Jaguar

Tocantins, ein Parallelfluß des Rio Araguaia, mit dem er sich kurz vor der Mündung in den Amazonas vereinigt. Er durchfließt den Staat Goiás

Tropenkoller, eine in den Tropen nicht seltene Erscheinung von Geistesstörung

Tukan, gehört zur Familie der Pfefferfresser und ist mit seinem großen, bunten Schnabel einer der schönsten Vögel Südamerikas

Urubu, ein Nackthalsgeier, der Aas und Abfälle vertilgt und deshalb sehr nützlich ist. Er kommt, wie bei uns die Krähen, überall in Brasilien vor

Winchester, Kugelgewehr, ähnlich dem Karabiner

Wollaffe, siehe Barrigudo

Zitteraal, in Südamerika beheimateter Nachtaal, der bis zu 2 Meter lang werden kann und elektrische Schläge austeilt, um seine Beute zu lähmen